面白いほどよくわかる！
「女」がわかる心理学

圖解女性心理學

女人不
人不懂的事

心理學家教你從行為、習慣與性格讀懂女性的真實想法！

日本知名心理學家
齊藤勇——監修

林雯——譯

「女性心理」總讓男性感到複雜難解、撲朔迷離。對重視人際關係的女性來說，或許男性心理也一樣深不可測。

女性對人心的微妙之處非常敏感，男性怎麼都看不懂的事，女性卻能一眼看穿。這就是所謂「第六感」的原型嗎？裡面藏了什麼祕密呢？女性感情為什麼比較豐富？為什麼女性那麼愛聊天？「女性之謎」真是說不盡道不完。

並非我誇大其辭，以上問題的答案都在心理學中。腦部、荷爾蒙、社會一般認知、歷史等各種要素使男女間產生差別、使男女簡直像「不同的生物」，互相對彼此茫然不解又束手無策。不過，如果男女間可以理解彼此的差異，相濡以沫和平共存，應是美事一樁。

理解「女性」的特性與心理，我認為就能更接近「謎樣的女性」。女性也能因此更了解自己，並且重新認識周遭的同性。同時希望藉由本書，男性得以對「女人心」窺知一二，讓男性與女性相處時能更加順利。

齊藤 勇

目錄

第1章 身邊各式各樣的女性

第2章 戀愛中的女性心理

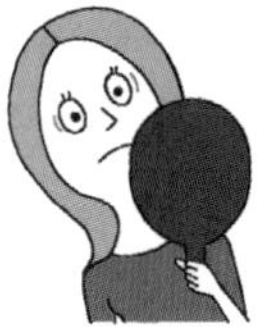

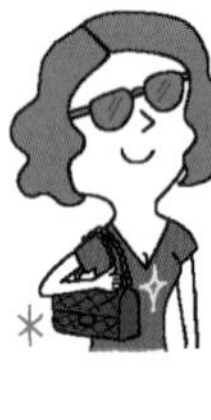

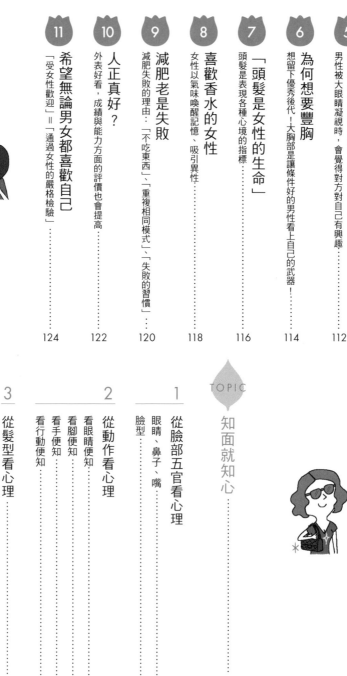

第4章 職場女性的心理

第5章 用心理學解讀女性的一生

第6章 所謂「女性特質」的心理

心理學是理解人心的工具

心理學對看懂人心大有助益，它大略可分成兩大領域：基礎心理學與應用心理學。基礎心理學以實驗來研究人類言行，再從實驗結果發現定律；應用心理學則將基礎心理學所發現的定律與知識運用到實際問題上。

基礎心理學

認知心理學
以「觀察」、「思考」等訊息處理的角度解釋認知活動。

發展心理學
研究成長過程中的身心變化，從嬰幼兒心理學到老年心理學皆包括在內。

社會心理學
研究個人與社會狀況之相互關係對心理的影響。

生理心理學
研究人類的生理反應與心理的關係，如冒冷汗等。

變態心理學
分析異常行為與病態心理，也以解夢等方式判讀心理。

其他
人格心理學、神經心理學、學習心理學、知覺心理學、數學心理學等。

應用心理學

產業心理學
研究與產業活動相關的心理學，包括消費者行為等。▸▸P58～62

臨床心理學
藉由精神分析與諮商解決心理問題。

愛情心理學
從人際知覺的觀點分析「喜歡」的心理學。
▸▸第二章（P63～102）

環境心理學
研究對象為與人相關的環境，包括物理的自然環境、職場環境等。

犯罪心理學
說明犯罪者的特性與犯罪環境，可幫助調查，*犯罪剖繪為手法之一。

家庭心理學
研究親子、夫妻等家人間的關係，分析家庭問題。
▸▸第五章（P185～219）

災難心理學
分析地震、車禍等災禍對心理、精神壓力所造成的影響。

運動心理學
研究運動與精神的關係，也應用於心理訓練（Mental Training）。

其他
藝術心理學、宗教心理學、教育心理學、司法心理學、民族心理學、歷史心理學等。

＊**譯註**：犯罪剖繪為分析（連續）犯罪行為型態的技術，藉由統計技術分析潛在犯罪者、被害者與犯罪現場跡證等三者之間相互聯結可能性。

從外表也能看穿人心

俗話說「人不可貌相」，但實際上，我們可以從外貌、表情、動作看穿他人隱藏的心理。此外，常用物品、口頭禪等也會表露出人的深層心理。

臉、髮型

我們可以從對方的臉型、喜歡的髮型看出他是什麼類型的人。

表情

人的內心活動容易顯現在表情上，如眉眼的變化、嘴角形狀等；而假笑則可能被他人識破。

口頭禪

口頭禪是無意識掛在嘴邊的話，因為是不自覺的，更能表達出深層的心理狀態。

攜帶物品

我們也可從對方愛用的物品看出他的心理，從對方喜歡的顏色看出他是哪種類型的人。

打扮

服裝反映出我們希望別人如何看待自己。

動作

手、腳的動作也會表露出人的內心，尤其是手的動作，很容易洩漏情緒。

心理疾病的醫治要靠心理治療

現代人常因工作、人際關係、家庭關係等因素而累積壓力。尤其女性因感受性較強，更容易焦慮不安、心事重重。若陷入心理疲勞，就必須用心理治療的方式醫治。

● **心理治療……** 透過對話與訓練，使精神障礙、因心理因素而致病的患者情緒安定、改變行為。

精神分析治療法

將潛意識內藏的情緒與想法意識化，以解決患者的煩惱。解夢（▸▸P250）也屬於此種療法。

認知行為治療

改變扭曲的認知（▸▸P84），使患者不要固執己見，教導患者在日常生活中該做出何種行為。

色彩療法

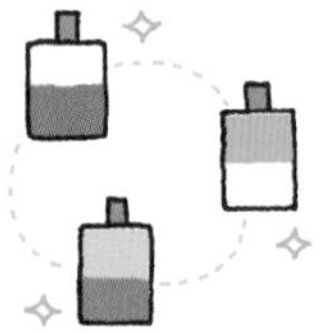

依據患者不自覺選出的顏色判斷他的心理狀態。告訴患者他需要什麼顏色，引導他覺察當下的心理狀態。此法有助於安定內心與調節自律神經。

內觀療法

藉由重新審視自己與家人等周遭人的關係，以更深入理解自己與他人。是日本人研發的治療法。

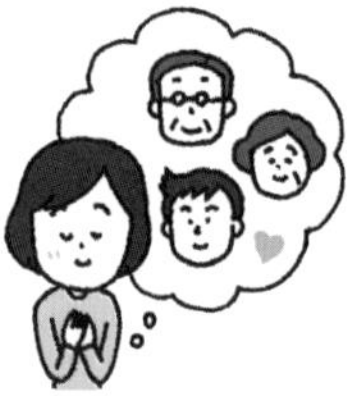

催眠療法

呼喚出潛意識，從負責運作潛意識的右腦得知患者的深層心理。一般認為有助於克服自卑感。

沙遊治療

事先準備一個箱子，讓患者在箱中任意擺設出他想要的世界，可使內心得到解放。

第1章

身邊各式各樣的女性

1

喜歡花與寶石的女性

女性天生喜歡美麗的顏色與金光閃閃的物品

人對什麼東西有興趣，由視神經細胞決定

你曾見過這樣的場景嗎？鮮豔的花朵與璀璨的寶石攫取了某位女性的目光，令她流連忘返，而她身旁的男性則顯得興趣缺缺。這究竟是怎麼回事呢？

男女「想看的東西」有什麼不同？劍橋大學的研究團隊以此主題進行實驗。研究者以一〇二名嬰兒為研究對象，在搖籃上掛無聲的轉動吊飾，並安排一位微笑不語的女性在旁。結果顯示，**女嬰對人的臉孔興味盎然，男嬰則對轉動吊飾興致勃勃**。

解剖學家艾德溫．列法特（Edwin Lephart）的研究團隊發現男性的視網膜富含較大、較厚的M細胞，女性則富含較小、較薄的P細胞，所以**男性的視網膜比女性厚得多**。這兩種視神經細胞的功能不同，**M細胞蒐集動作與方向的訊息，P細胞則蒐集質感與顏色的訊息**。也就是說，男性對汽車、電車等會動的東西感興趣，女性對色彩鮮麗、形狀五花八門的花朵與設計精美的寶石感興趣，男女眼睛構造不同也是原因之一。

產生女人味的荷爾蒙起作用

女性喜歡鮮豔、閃亮的物品還有一個原因，就是女性荷爾蒙之一*　**雌激素**起的作用。女性體內富含雌激素，使女性擁有柔和的身體曲線；它對腦部的作用則是**強化嗅覺、使心情平靜**。因為心平氣和，對花的芳香與寶石的美也變得特別敏感，因而產生愛惜的心理，也容易受它們所吸引。

雌激素的效果

雌激素是對女性非常重要的荷爾蒙，能產生許多令女性心情愉悅的效果。

美肌

據說能提高皮膚的保濕度，使皮膚明亮、有彈性。

增強記憶力

女性荷爾蒙能活化海馬迴的活動，而海馬迴與記憶的形成有關。

活力十足的表情

雌激素的活化，能促進「幹勁荷爾蒙」──多巴胺（Dopamine）的大量分泌。

增加被動氣質

雌激素在腦部運作會產生體貼、被動的特性，遇上突發狀況時，應變方式會較為靈活、具女性特質。

女性化的比例

使乳腺發達、燃燒腹部脂肪。

注意！ 壓力是雌激素的大敵

一般而言，壓力會減少雌激素的分泌。壓力抒解後，雌激素就能充分分泌。

*＊***雌激素（Estrogen）**　一種女性荷爾蒙，主要由卵巢製造。雌激素影響女性身體，促進乳房發育，且有助燃燒皮下脂肪。

2 不管幾歲都在追星的女性

追求優秀異性的心理是女性本能

女性用五感掌握男性的基因

有些人雖已老大不小，卻還像十幾歲少女一樣熱中於追逐偶像或俊美的明星。你身邊也有這種人嗎？

男性雖然也會追星，但女性除了單身者，還有一大堆已婚婦女也追星。為什麼會這樣呢？

因為這是女性特有的本能。**女性本能是盡可能生出基因優秀的後代**，這項本能讓女性感受到偶像的魅力。**女性原本就擅長用五感掌握男性基因**，單用視覺就能充分察覺到男性基因的狀況。因為女性在不知不覺中，就能從鍛鍊過的緊實身體與充滿朝氣的強健肌肉感覺到男性的生命力。

可以說，只要女性有留下優秀後代的本能，不管到了幾歲，都有化身為追星族的潛力。

粉絲聚集的場合令人忘我

迷戀偶像明星的女性還有一個特徵，就是平時貌似穩重，但一到了演唱會等場合，就會變身為狂喊偶像名字、大聲尖叫的粉絲。

心理學稱此為「*集體行為」。**群眾因某種目的而聚集時，其中個體的獨特性（如意志與價值觀等）將逐漸喪失。如此一來，人會容易受**

＊**集體行為**　引發集體行為的大都是為演唱會而聚集的「主動型」群眾。相較之下，因街頭事件而偶然聚集的「被動型」群眾較少引發集體行為。

暗示、被現場的氣氛所支配，導致極端的行為。因此，性格拘謹的人身處群眾之中，也可能暴露與平時截然不同的一面。在罷工或示威遊行時發生的暴動，可說是集體行為的例子。

一般認為，**女性重視協調性，親和需求**（▶▶P47）**較強**，喜歡「大家一起投入一件事」，所以容易有集體行為的傾向。

大家一起大吵大鬧就不可怕了!?

同樣的人，性格並未改變，但為何獨處時與身處群體時的心理與行為會有差異？

獨處時

↓

壓抑自我、消極

當意識到是「我」以個人身分行動時，會想採取符合常識的社會行為，避免引人注目。

跟朋友在一起時

↓

積極投入！

成了「群眾之一」後，個體的獨特性會降低。因為在群眾中匿名性強，對自己行為的責任感也會減少。

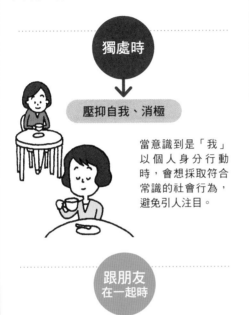

3 沉迷占卜的女性

看到一般性的描述就對號入座

兩面性的描述抓住人的心理

你是否做過占卜或心理測驗，然後覺得「好準！怎麼會這麼準」呢？

當你看到占卜書上寫著「你乍看之下積極、有自信，但也因為不安，而有想不開的時候」，是不是覺得一語中的？

其實，這些書上所寫的內容幾乎符合每一個人。**有些人會將這些放諸四海皆準、籠統、廣泛的性格描述視為自己的特色，這在心理學稱為「*巴納姆效應」**，常用在占卜上。

美國心理學家伯特蘭・佛瑞（Bertram Forer）對學生進行一項虛構的性格測驗，測驗結果以兩面性的方式描述。他將測驗結果隨機分配給學生，然後詢問學生，分析結果是否符合他們的性格，多數學生認為結果是正確的。人類原本就有尋求他人認同的需求，希望別人能夠斷定自己是什麼樣的人。**如果聽到「你雖然〇〇，但也有口口的一面」，就會產生內心被窺伺的錯覺。**

此外，**女性有容易受暗示（▶P62）的傾向**，占卜能說中自己的事，往往令女性覺得神祕莫測，心悅誠服；因此，沉迷占卜的大都是女性。

***巴納姆效應**　名稱來自擅長心理遊戲的魔術師巴納姆（Phineas T. Barnum）。因為由心理學家佛瑞加以解釋，又稱「佛瑞效應」(Forer Effect)。

期待幸運降臨的女性

許多女性期待好運從天而降。歷史上，社會總是告訴男性「努力的人比較優秀，應該靠努力得到大家認同」；相對地，女性則被強迫接受與競爭無關的被動角色。

或許因為女性只能處於被動，才會期待幸運之神降臨，以此獲得希望與安心感。

占卜準嗎？

美國心理學家佛瑞說明了相信占卜的心理。人究竟是基於何種心理才會相信占卜呢？

占卜常用的描述

1. 你還藏有尚未發揮的實力。
2. 你貌似不羈，但其實是積極、努力的類型。
3. 你看起來雖然活潑開朗，但其實容易感到寂寞。
4. 你希望別人喜歡你。

看到「其實你是～」「你看起來雖然～，但實際上」之類的敘述方式，就覺得這些話彷彿直指內心，其準無比，**因此深信不疑。**

巴納姆效應

因為是符合多數人的一般性描述，大部分人都認為「很準」。尤其是自我評價低、從眾性高的人更容易受到這類話語的暗示。

4 對「發大財」沒興趣的女性

為何男性想日進斗金，女性卻滿足於小錢

重要的是每日的小確幸

有人不厭其煩地為信用卡集點數；有人洋裝穿膩、物品用膩了，馬上上網或在跳蚤市場賣掉；有人積極參加商品體驗，寫業配文，以獲得源源不絕的商品與服務。環顧周遭，這類人似乎以女性居多。

幾乎沒有男性會做這些事。大部分男性都覺得「與其這樣一點一滴地累積，不如想辦法賺大錢」。我們可以看到，幻想大富大貴而沉迷賭博的大都是男性，他們對賺小錢興趣缺缺。而有些女性即使收入充裕，仍像前段所描述的一樣，熱中於賺小錢。

男女的這項差異，可能與遠古時期在生活中扮演的角色不同有關。男性為獲取更大型的獵物，往往拼了老命；女性則採集野菜、果實，發現新鮮的野菜與美味的果實就是她們最大的成就。**或許在日常生活中尋求小確幸的行為，不知不覺形成女性「賺小錢」的習慣。**

贈品的划算感讓女性心癢癢

女性也喜歡「贈品」與「雜誌增刊」，這跟喜歡「賺小錢」是同樣的道理。以盯準增刊的女性讀者為目標顧客的雜誌都非常暢銷，證明

＊**包背裝**　一種圖書裝訂法。雜誌的其中幾頁沒割開，要自己去割開，裡面通常為都是清涼寫真。

了這一點。而男性雜誌中的「*包背裝」十分受歡迎，一般認為是「*卡利古拉效應」。

女性還有一種「順便」的心理，例如「去看電影，順便去附近的熱門商店」。**「做這件事時，順便去做那件事」能享受到「一兼二顧，摸蜊仔兼洗褲」的划算感**，這對女性來說相當重要，比起遇見一次令人欣喜若狂的事，接二連三的小確幸更令女性滿足。供應各式各樣的務。

男女的差異
增刊與包背裝

經常看到女性雜誌增刊、男性雜誌內有包背裝。這是利用男女心理差異的銷售方法。

女性

喜歡「增刊」

有點划算的感覺令女性心滿意足

「買了就有贈品」這種「小利」讓女性心情愉快。她們想累積這種日常生活的「小確幸」。

男性

受包背裝吸引

「不能看」的地方引起男性注目

男性在自由受限時，會激起對抗心理；看到雜誌中沒割開的內頁，就覺得非看到不可。這種心理稱為「卡利古拉效應」。

＊**卡利古拉效應**（Caligula Effect）　好奇心所引發的反彈心理──愈被禁止的事就愈想做。商品被禁或限制，反而勾起大家對它的興趣，商人便利用此種心理做為銷售手法。

5

溺愛寵物的女性

女性飼養寵物，是為了滿足育兒的需求!?

人容易將感情放在寵物身上

寵物商品愈來愈多樣化，寵物美容沙龍、寵物民宿如雨後春筍般出現；寵物葬儀社、寵物保險等企業備受矚目。看來，今後將掀起更大一波寵物熱潮。為什麼人會飼養寵物呢？

一般認為，**女性養寵物最主要的理由是滿足育兒本能。女性有母性本能，所以有強烈的*撫育需求**。育兒可說是最能滿足撫育需求的行為，但因現代晚婚化、少子化，結婚、生養小孩對女性來說，已經不像從前那麼理所當然。在這樣的情況下，養寵物便滿足了女性的撫育需求。自己馴養的寵物就像小孩般，成為感情投入的對象。

療癒效果也是寵物受歡迎的原因之一

寵物擁有的療癒力量，也是牠們受歡迎的原因之一。如果伴侶是人類，日常生活中總有因意見不合或對方惡言相向而傷心難過的時候。但寵物不會說話，不會跟人類吵架。**可愛的外表容易使人產生移情作用，讓人覺得彷彿寵物全然接受了自己**。因此，人類感到寂寞，需要療癒時，當然會認為寵物是不可或缺的。

此外，根據美國的研究，寵物有使人放鬆的

**撫育需求（Nurturance Need）* 想保護與幫助他人的需求。指想無微不至地照顧、看護或保護他人。

效果。**跟寵物說話、撫摸寵物，能使血壓與心跳數下降**。動物治療對患者頗有療效，日本也正在大力推行。

小心*喪失寵物症候群

另一方面，有愈來愈多飼主因為心愛寵物死去而引發嚴重的喪失感。如果你聽到有人說「我除了寵物以外一無所有」，要記得特別去關心他喔！

沉迷養寵物的女性心理

許多獨居女性飼養貓、狗等寵物，把寵物當做家人，投入極深的感情。

1 滿足撫育需求

把寵物當自己的孩子般對待，從「寵物不能沒有我」中，感覺到自己的存在意義。

2 療癒孤獨感

人類回家時，寵物飛奔相迎，一起遊戲、一起睡覺；在療癒孤獨方面，寵物扮演了相當重要的角色。

3 撫觸寵物能得到安心感

人類還是要跟能通人性的動物接觸，才能夠安心、使心情穩定。

4 時尚的表現

對某些人來說，養寵物是一種自我呈現（⏩P110）。帶著可愛寵物同行，也是在自我表演。

＊**喪失寵物症候群（Pet Loss）**　因寵物死亡而引起的身心疾患，也有人因此食不下嚥。愈依賴寵物的人，症狀愈嚴重。

6 迷戀牛郎的女性

雖然心裡有數，但無法自拔

低自我評價與依賴體質

「最初是因為朋友邀約，純粹因興趣而踏入牛郎俱樂部，但不知不覺被某個牛郎俘虜……」你聽過類似的事嗎？

確實有某種女性容易迷戀牛郎。她們雖然也不想走火入魔，卻依然一擲千金，執迷不悟。

這樣的女性通常自我評價很低，平時因為沒自信，若有人稱讚自己，也無法坦然接受。但牛郎總是對顧客讚不絕口，時間久了，她們也會漸漸從中得到快感，覺得牛郎俱樂部就像天堂一樣，「只要一進去就會被稱讚」。**自我表現欲強烈的女性也可能迷上牛郎**，她們與帥氣的牛郎關係親密，帶出店外走在一起，是為了滿足女性的自我表現欲。

此外，**依賴體質（灰姑娘情結，**▶P88**）的女性對戀愛標準極高**，不肯妥協或努力，常有逃避現實的傾向。她們希望「有優秀的人出現，帶給自己幸福」。牛郎能讓人看見美麗幻想，容易讓這類型的女性迷戀不已。

「傲嬌」手段讓牛郎事半功倍

俘虜女性是牛郎的工作，所以他們對女性心理的弱點知之甚詳。因此，牛郎俱樂部能輕易讓女性「著魔」。

前面提過讚美的效果，不過牛郎的手段不只有讚美，還有冷淡的行為。意即，他們擅長使用**「傲嬌」**的*「得失效果」。平常說話刻薄、不屑一顧的強勢牛郎，突然出現溫柔的一面，開始撒嬌，女性就會被這樣的反差刺激起母性本能，成為那個牛郎的俘虜。

女性因為這樣的表演，而漸漸墮入牛郎的手掌心中。

得失效果

人意圖吸引他人時，通常會想給對方溫柔的印象；但有時讓人感覺到反差，反而更容易博得好感。

首先
讚美、撒嬌

不斷讚美、撒嬌，是給對方「糖」。

之後
貶得一文不值、愛理不理

漠不關心的態度或斥責，是給對方「鞭子」。

接下來
讚美、撒嬌

冷淡以待之後，再度撒嬌，採取溫柔態度。

對方被態度的反差吸引

前一次的冷漠，使下一次的溫柔令人感動。感覺到的反差愈大，愈讓人有快感。這種現象稱為「得失效果」。

* **得失效果**　先採取一次否定的態度，比一直保持善意更容易博得對方的好感。這是利用反差所產生的效果。

7 看到制服就血脈賁張的女性

為何女性會受消防員、飛行員的制服形象吸引

受對方打扮所影響是什麼樣的心理？

許多女性對穿便服的男性毫無感覺，但同一個男性一換上制服，就覺得「好帥！」穿著宅配公司、消防員等制服的男性寫真集與月曆蔚為話題，證明確實有女性對制服難以抗拒。其中似乎以消防員、警察、醫生、飛行員的制服，最讓女性怦然心動。

我們知道**制服或打扮會影響人的心理**；例如，有人在醫院一見到白袍就血壓上昇，稱為「*白袍高血壓」（White Coat Hypertension）。美國心理學家雷諾・畢克曼（Leonard Bickman）做了一個心理實驗，他故意把一枚硬幣留在電話亭裡，然後派服裝整齊者與衣衫不整者分別去詢問進入電話亭的人，是否看到那枚硬幣。結果，服裝整齊者所詢問的人中，約有八成退還硬幣；而衣衫不整者詢問的人中，只有三成退還硬幣。

我們對服裝抱持既定印象，所以在街頭看到穿制服的警察，即使沒做任何壞事，也會莫名緊張。

女性對權力的象徵感到魅力

女性難以抵擋前述制服的魅力，是因為那些制服是**權力的象徵**。

＊**白袍高血壓**　平時血壓正常，但一到醫療機構量血壓就出現異常值。這是因為看到穿白袍的人，心生緊張與壓力，才導致血壓飆高。

太古時期人類以狩獵為生，擁有權力的男性指有充分能力獲取食物者。女性**本能地受有權力的男性吸引**，是因為他們能保護自己。制服令人聯想到權力，以及與權力相關的智力與體力，才會讓女性覺得迷人。

許多女性喜歡名牌，因為她們把**名牌視為一種「權力」**。同樣地，對人氣雜誌的流行資訊、明星推薦的保健方法、具專業權威的大學教授掛名保證的商品趨之若鶩，也可說是女性對權力難以招架的例子。

男女的差異
喜歡的制服

常聽說男性迷戀女僕裝與女高中生的制服形象，女性也有受制服吸引的傾向。

女性

消防員

醫師

飛行員

醫師、飛行員的制服具權威與知性感，消防員、警察的制服讓人聯想到幫助與守護他人，令女性心動不已。

男性

女僕

護理師

空服員

男性傾心象徵柔順的制服形象。因男性支配需求強烈，細心照顧人的形象容易吸引男性。

8

無法停止購物的女性

想得到自我表演的道具

自卑感讓人變成購物狂

女性看到流行的時尚洋裝、女性雜誌裡的熱門鞋款、可愛的包包或飾品，都會想穿戴看看。不過，也有人失去控制；即使是沒那麼想要的東西，也不停地買，沒錢了就去借。不管看到什麼都亂買一通，但使用機會沒那麼多，買後就進了儲藏室。自己也知道這樣不行，但就是欲罷不能。

這種狀態稱為「**購物＊依存症**」（Dependence）。這種人乍看之下只是物欲較強、金錢觀散漫，但他們的共同點是「**自卑感**」。他們亟需別人認同，所以**想用引人注目的物品妝點自己**。

此外，購物時，店員會親切周到地招待自己；能**享受到「被奉承」的感覺**，也是他們瘋狂購物的原因之一。尤其在高級名牌店，會受到最高級的阿諛諂媚，如同公主般的待遇。因此，有些購物依存症患者一開始只是買日用品，接著就變本加厲購買高價商品。

購物依存症的發生，是因為**心中長期鬱積的不滿轉化為購買欲**。這種人多屬於**一本正經，但自我表現欲強的類型**。

＊**依存症**　一種精神疾患，因「想要依賴」的心理而引發。患者因無法承受生活壓力所引起的不滿，導致對某種事物形成依賴。

男女購物動機不同

「收藏癖」（Collector）也是不斷購物的行為，不過與購物依存症不同。有收藏癖的人多為男性，買的不是日常用品，而是動漫人物模型或美術作品。這種行為的原動力來自擁有稀有物品的優越感，與經由蒐集所得到的成就感。相對地，女性收藏東西是為了**裝飾自己**，所以傾向蒐集包包、飾品等日常生活用品。

各式各樣的依存症

「依存症」會對日常生活與社會活動造成障礙，但又極難擺脫。有很多令人意外的事物也會成為依存對象。

保健法依存症

一般認為有益身體的事物或健康食品等，一律照單全收。

巧克力依存症

沒有甜食就心神不寧。攝取過多可能導致內臟疾病。

性愛依存症

為抒解壓力、使內心平靜，即使違背良知，仍想發生性關係。

工作依存症

認為「工作＝身分」，傾其所有投入工作或公司。

電子郵件依存症

會因是否有人寄來郵件而感到不安、寂寞或憤怒。

9 想「穿同款」的女性

想跟對方穿同款，真正的心態是「想獨占對方」

希望與戀人或朋友有一體感

有些女性談戀愛時，無論如何都要跟伴侶「穿同款」。若只要求飾品、皮帶成對，大部分人尚可接受；但也有些比較誇張的人，從衣服到家具全都要求相同款式。

這類女性的心理是「**希望與對方有一體感**」。對女性來說，兩人擁有相同物品是「關係親密的證明」。

因此，「想穿同款」的感覺，不只會發生在戀愛對象身上，也會發生在朋友身上。為了確實感覺到「我跟那個人的感情特別好」，才跟他穿同樣的衣服、用同樣的物品。

在人前與戀人、朋友手牽手的行為，跟穿同款有相同的意義。

人類特有的標記行為

穿同款還有一個心理上的理由，就是「**標記**」（Marking）。標記是「做記號」的意思，動物會用身體摩擦樹木或牆壁、用腳抓土、撒尿等行為，**宣示自己的*勢力範圍**。要戀人穿戴同款衣物，就是向他人發出訊息：「這個人是我的，其他人別想動他！」

也就是說，**穿同款可說是光明正大地宣示朋**

＊**勢力範圍**　想保護自己的權力、排除他者的範圍。想在人際關係中劃定勢力範圍，可能是因為與對方的關係缺乏自信。

友或戀人的獨占權。而比起其他物品，訂婚或結婚戒指更有「獨占權與所有權宣示證明書」的含意。

穿戴同款物品是訴諸視覺，看見該物品時，就能確認彼此的愛情或友情，可為彼此感情增溫。但另一方面，也可能產生「不想被對方束縛」「不想使用自己沒興趣的東西」等反彈情緒。如果不考慮對方心情，強迫對方穿同款，可能導致反效果。

各種標記行為

劃定自己勢力範圍的標記行為在動物、人類身上皆可看到，也可能表現在無意識的行為上。

用同款物品

與朋友、夥伴偕同使用相同或同款的物品，顯示兩人交情特殊。

唇印刺青

牽制情敵用的標記行為。刺青也可加上對方的名字或姓名首字母。

在辦公桌放置私人物品

在辦公桌放置私人物品，表示桌子的範圍屬於自己的個人空間（P64）。

決定座位

照自己的意思決定會議室等場所的座位，或每天所搭電車的座位或站位。

10 熱愛學習的女性

或許是想要尋找自我

學習的目的是什麼？

星期二學英語會話，星期四學服裝造型，週末去健身房游泳……。你周遭是否也有這種排滿學習課程的女性呢？

根據住信SBI網路銀行的「才藝學習現況調查」（以二十至五十九歲者為研究對象，採訪人數約八萬人），熱愛學習才藝的女性占百分之三十八，大幅超越男性的百分之二十。

學習才藝可說是上進心的表現；一方面可悠遊於自己的興趣中，充實人生，一方面也可運用在工作上。但是，不斷學習各種毫不相干的才藝，可能表示此人尚處於「*未定型」（Moratorium）期，仍在不停尋找自我。這樣的人**雖已成年，但相信自己「仍有許多可能性」，且無法捨棄任一種可能性**。也就是說，他們邊學習種種駁雜的才藝，邊等待時機轉換跑道。

這種無法接受現實、總是追求某種遙不可及的事物、持續徬徨不定的狀態稱為「**青鳥症候群**」（Blue Bird Syndrome）。

女性擅長模仿所見事物

女性學習的熱門才藝中，許多都是用看範本的方式來學習，如服裝造型、茶道、花道等。

＊未定型　「未定型」就是「延期償付」意思。指雖過了青年期，仍未盡社會人士的義務與責任，遲遲不把生活方式定下來。

這與女性的特殊能力有關。具體來說，就是**女性有極強的模仿能力**。

一般而言，女性的*知覺速度（Perceptual Speed）高於男性。例如，兩張看似相同的畫，女性比較能看出其中不同的細節。也就是說，女性**模仿所見事物的能力較強**。無論是做菜或穿衣步驟、瑜珈姿勢等，看了老師的示範後學著做，能快速掌握訣竅的大都是女性。

由此看來，或許因女性擅長模仿，比較容易學會才藝，才會有熱愛學習的傾向吧！

青鳥症候群的例子

擁有興趣又能學會才藝，能夠使人生豐富多彩。不過，學習太多技藝的人可能隱藏某種心理。

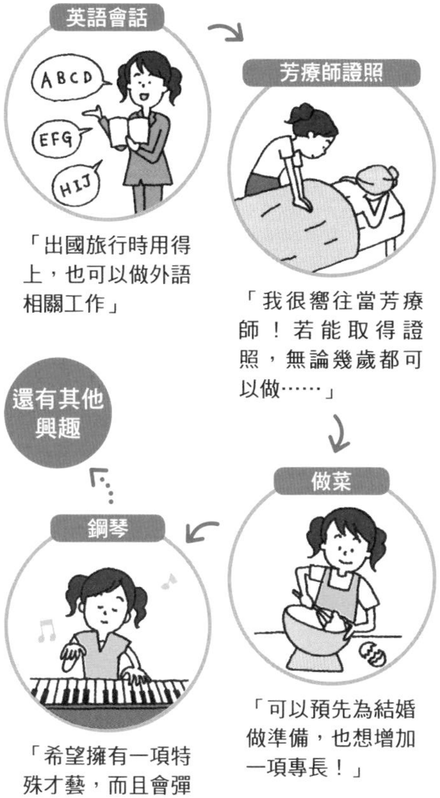
英語會話
ABCD
EFG
HIJ
「出國旅行時用得上，也可以做外語相關工作」
芳療師證照
「我很嚮往當芳療師！若能取得證照，無論幾歲都可以做……」
做菜
「可以預先為結婚做準備，也想增加一項專長！」
鋼琴
「希望擁有一項特殊才藝，而且會彈樂器還蠻酷的！」
還有其他興趣

學沒多久就膩了，覺得「不適合自己」「想學更不一樣的東西」，接二連三改變目標，永遠在追尋理想。

***知覺速度**　加拿大心理學者多琳．木村（Doreen Kimura）等人進行測驗，發現女性較擅長知覺速度方面的問題。

11 喜歡看運動比賽的女性

對支持隊伍的依戀情緒使內心安定

覺得團體等於自己

最近，觀看棒球或足球比賽、熱情加油的球迷中，有相當多女性。這些女性平時未必從事該項運動，有些甚至連做都沒做過，為何對看運動比賽這麼瘋狂呢？

「*團體認同」（Group Identification）的心理可以解釋她們的行為。身屬某一團體（如球迷俱樂部），每當體驗到身為團體成員的高昂情緒與所獲得的善意（如「獲勝時的快樂」「粉絲俱樂部受到讚美時的驕傲」），就會對團體產生更多親密與依賴情緒。這樣的情緒若更上一層樓，就會演變成即使稍微犧牲自己的事，也會有為團體盡心盡力的喜悅。感覺**該團體就在自己的身體內部，甚至等於自己**，這樣的認同感是內心安定與和諧的**防衛機制**（▶P 116）之一。

尤其女性比男性更具協調性，喜歡與他人分享感情，身處團體中也會感到心情愉快。

動物本能與母性本能的運作

女性對男性運動的狂熱，與女性對異性的情緒也有關聯。男運動員給人強壯、魁梧的印象，刺激了女性**「想留下優秀後代」的動物本能**。

＊**團體認同**　積極採用團體的價值觀與規則，逐漸認為「團體＝自己」。對所認同的團體通常有高於實際的評價。

「因運動員身強體壯而喜歡他們」，對女性可說是天經地義的。

女性為運動員加油，是出自母性本能，想要「支援」他們。在加油吶喊、歡欣鼓舞的過程中，狂熱心情使她們對運動員的好感如火燎原。這在心理學稱為「*吊橋效應」（Suspension Bridge Effect）；人在興高采烈地加油時，心臟會撲通狂跳，這種狀態容易被誤認為是戀愛所產生的悸動。

運動選手為何受歡迎？

活躍在運動場上的運動選手看起來光芒四射。不過，女性受運動選手吸引還有其他理由。

動物本能

我會永遠
支持他
想要優秀
的基因

女性渴望優秀、強壯的基因，而運動員因為擁有堅強的精神與體魄，所以能吸引女性。

興奮引發愛情

會不會贏呢？
好擔心！
心臟怦怦跳
॥
怦然心動

比賽開始，粉絲帶著期待與不安，心中怦怦作響。她們把這樣的感覺與戀愛時的小鹿亂撞搞混了，連帶喜歡上所支持的選手。

＊**吊橋效應**　一種心理機制，把走吊橋的刺激感誤認為戀愛的感覺。約會時，讓對方坐雲霄飛車，也可使對方誤以為喜歡自己。

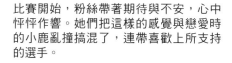

12

開黃腔面不改色的女性

自我表現欲與性的自卑情結所導致的行為

女性開黃腔的三種心理狀態

跟男性朋友聊天，若想要大家能聊開來，打成一片，黃色笑話可說是必備話題。男女一起喝酒聚會時，如果女性也說說無傷大雅的黃色笑話，無論男女，都會對她心生好感，覺得她「上道」、「會炒熱場子」。

不過，有些女性會強迫別人聽她開黃腔，甚至公開自己生動逼真的經驗談。即使聽的人紛紛走避，也毫不在意。她們究竟基於什麼樣的心理，才會做出這種行為呢？

一般認為有三個理由。第一是**單純想跟男性拉近距離**。黃色笑話是與男性暢快聊天，發展連帶感的簡單手段。第二是**強烈的自我表現欲**，她們極想表現出「我能跟男性平等對話」「我跟其他女性不一樣」，於是滔滔不絕地說出黃色笑話。第三是**性的***自卑情結**（Inferiority Complex）**產生逆轉**。缺乏戀愛與性經驗的人，希望別人認為他經驗豐富。為炫耀自己的經驗，才會有赤裸裸的發言。

女性未必討厭黃色笑話

社會上一般認為「女性討厭黃色笑話」，但果真如此嗎？美國心理學詹姆斯．卡羅爾（James

＊**自卑情結**　覺得自己不如他人所產生的情緒。外表、能力、嗜好等皆可能引發自卑情結。

Carroll）曾進行測驗，調查聽者對各種笑話的反應，笑話內容包括黃腔、自虐、諷刺社會等種類。結果顯示，**對笑話有趣與否的反應，男女間並無明顯差異**。

也就是說，怕聽黃色笑話的女性，未必是討厭黃色笑話。如果黃色笑話無傷大雅又有趣，應該比較不會引人不快。如果話的內容太露骨，或是嘲弄某個特定的人，就令人笑不出來了。這類黃腔才會惹人厭。

喜歡的話題來自自卑情結的逆轉？

自認不如人，才會產生自卑情結。人的某些行為是出於自卑情結的逆轉。

毀謗

毀謗是為了提高與恢復自尊心。因為對自己的某部分缺乏自信，才藉由攻擊他人來維持自尊。

吹牛

想讓自己看起來比實際上強大的人經常虛張聲勢。因為缺乏自信，才想以說大話恢復自尊心。

取得 consensus（共識）～
這個 scheme（方案）～

外語頻發

頻頻使用外語，是對知識的自卑情結發生逆轉。使用不熟悉的詞彙，是想使自己看起來更有實力。

13

蒐購名牌的女性

欲望的真面目：想提高社會評價

想用名牌提昇自己的價值

許多女性熱愛名牌，如果無法得到所有名牌或熱門商品，就悵然若失。為什麼她們會對名牌如癡如醉呢？

因為「人人都嚮往名牌」。更進一步說，就是**將名牌穿戴在身上的人，相信這麼做會提高自己的社會地位**。愈缺乏自信的人，愈想用名牌洋裝或包包獲取他人的羨慕眼光（男性則是用高價手表或高級車）。認為穿戴社會評價高的物品，就會使自己的社會評價變高，心理學稱為*認同作用（Identification），即認為名牌等於自己。

此外，只要是眾多女性支持的暢銷名牌商品，就覺得非入手不可，稱為**從眾行為**（Conforming Behaviour），即想與周遭採取同步行動的心理。

公主般的待遇讓人變得想蒐購名牌

嚮往名牌的女性還有一個共通心理，就是「*自戀」（Narcissism）。雖然每個人都會自戀，但「想看起來優於他人」「希望自己獨一無二」的心態過於強烈、對名牌愛不釋手者，自戀的程度高於一般人。

自戀者靠他人的認同與讚美獲取滿足。從這

*認同作用　他人擁有某些特性或特徵，但自己沒有，便將他人的特點看成是自己的。這是意圖壓抑自卑感、獲取滿足感的心理運作，是謀求內心安定的防衛機制（P116）之一。

個角度來看，購買名牌的行為恰好能滿足自戀。因為名牌店店員會百般討好顧客，對客人說「這好適合你！」之類的話。店裡「公主般的待遇」也會讓人覺得自己地位尊貴。

或許因為在古代狩獵採集社會，女性處於受保護的被動立場，才會這麼渴望被人認同吧！

自戀與名牌

愛自己稱為自戀。有些人無法在人際關係中滿足自戀，就用名牌商品補償。

藉由他人來滿足自戀

自己的努力與言行受到他人的讚美與認同，以此得到自信、加深自戀。

以物品滿足自戀

藉由擁有他人羨慕的名牌商品來增加自戀。無法加強自己的內在，就想以表面的事物滿足自戀。

＊**自戀**　認為自己非常重要的心態。這種心態若太過強烈，就會堅信自己優越且特別，而非常討厭有人否定或批評自己。

14 愛拍照的女性

因不安與渴望他人共鳴，使她們拍個不停

照片是分享心情的工具

從前，所謂「對攝影有興趣」的人幾乎都是男性。現在時代變了，市面上有各種高性能的小型數位相機或具備照相功能的手機，拍照對任何人來說都輕而易舉，所以攝影的女性也愈來愈多。「寫真女孩」、「好攝女人」之類的名詞愈來愈普及，讓人感覺到「女性攝影」已微微掀起熱潮。相對於男性，女性喜歡拍攝，也喜歡被拍。日常生活中察覺到的現象或與生活有關的人事物，無論是自己、甜點、寵物、風景等，都能成為拍攝對象。也有人會將自己拍攝的照片陸續公布在部落格或社群網站，他們之所以這麼做，理由之一是想「**自我揭露**」（▶P 218）。自我揭露指將自己的事如實告知他人，對建立良好人際關係相當重要。尤其**女性有積極對朋友自我揭露的傾向，以照片來自我揭露，一般認為是跟某人分享感情的表現。**這種行為可說**只有希望尋求「共鳴」的女性會做**，在男性中較不可能出現。

幸福的回憶成為「護身符」

照片還有一項特徵，就是可用來追憶往事。或許，害怕不安的女性是想藉由回顧快樂的往

＊**控制的錯覺**　自己實際上無能為力的事，卻堅信是靠自己的力量辦到的，例如「在知名店面所買的彩券中獎」「已經戒煙了，所以不會得癌症」

事，讓自己沉浸在安心與幸福感中，才不自覺地按下快門。照片能將歡樂的現場、充滿回憶的場景化為有形之物，留存下來；可說就像護身符般，女性只要有它，就能心安。這也是一種「**自我實現預言**」（▶P111）現象，亦即採取符合自己預言或期待的行為，就會真的出現符合預言的結果。或許因*控制的錯覺有時會帶來實際效果，女性才會認為「只要有照片就萬事OK」，所以將自己拍攝的中意照片隨身攜帶、保存起來，或做為裝飾用品。

照片是尋求內心安定的工具

照片有各種使用方式。而女性究竟是如何使用照片呢？

自我揭露

為了讓某人看到自己喜歡什麼、體驗了什麼，而把照片上傳到部落格。

尋求共鳴

想跟他人分享自己感動或驚訝的事，並得到他人共鳴。

想得到安心感

看過去所拍攝的充滿回憶的照片，感受平靜與幸福。

當做護身符

隨身攜帶*能量景點（Power Spot）或自己重視的照片，當作護身符。

＊**能量景點**　能量景點可以解釋成氣場或能量磁場，指的是擁有眼睛看不到的特殊力量場所，及生命力強健的地方。如島根縣的出雲大社、京都的貴船神社、富士山等。

15

喜愛布偶的女性

撫摸布偶能消除不安

布偶代替父母，讓自己安心

有些女性房間的沙發或床上滿滿都是布偶，似乎也有人會抱著布偶睡覺，因為布偶或抱枕的輕柔觸感而能為她們帶來平靜。

幼童因為平常抱著的布偶或毛毯不在身邊，就坐立難安、無法入睡，也是同樣的道理。英國醫師唐諾·溫尼考特（Donald Woods Winnicott）將幼兒寸步不離、少了它就會感到不安的物品稱為「**過渡性客體**」（心理學也稱為「*****安全毛毯**」）。嬰兒無法獨立生存，必須在父母親的守護下才能得到安心感，同時得以成長。當孩子稍微放開父母的手，與社會產生關聯（心理學稱為「**過渡期**」）時，就由過渡性客體**代替父母，給予孩子安心感**。

心理學學家荷頓（Horton, P.C.）表示：「**過渡性客體不只在幼時代替父母親，還化為各種形狀，一生都看得到。**」長大成人的女性可能也是經由撫摸舒適手感的布偶，**擺脫各種不安，恢復內心的平靜**。藉由撫摸而得到療癒效果的方法，也運用在「沙遊治療」（▶P16）中。「沙遊治療」是以小箱子、細沙等工具，讓個案玩沙以得到撫慰的心理療法。

＊**安全毛毯**　美國知名漫畫《花生家族》（Peanuts）中，有個名叫奈勒斯·潘貝魯特（Linus van Pelt）的男孩，總是隨身攜帶一條毛毯。若毛毯不在身邊，他就會因不安而全身發抖。

撫摸自己也是為了消除不安

人會有想跟他人在一起的心情，就像小孩希望父母在身邊一樣；這種心情稱為「**親和需求**」（Need for Affiliation）。有撫摸自己身體習慣的女性親和需求較強。撫摸自己可說是布偶或毛茸茸寵物不在身邊時的權宜之計；這麼做是**為了消除不安，所以撫摸自己以滿足親和需求**。英國動物學家德斯蒙德・莫利斯（Desmond Morris）稱這種狀態為「***自我親密行為**」。

需要布偶的理由

喜歡布偶的女性很多。她們喜歡布偶，不只是因為它可愛，其實還隱藏某種心理。

離開父母的工具

孩子從與父母的共生關係中畢業時，需要布偶這項工具。即使長大成人，仍會珍愛布偶，做為心靈的依靠。

藉由撫摸布偶得到安心感

撫摸輕柔、軟綿綿的物體時，能讓心情穩定安寧。女性因親和需求強，所以特別喜歡布偶。

感情投入的對象

把布偶當自己的孩子或寵物般投入感情。這麼做可以發揮母性，對療癒孤獨也相當重要。

＊**自我親密行為**　自己觸摸自己的身體，以求暫時的親密感。為消除不安，人類有時會「雙手托腮」「用手指撫摸嘴唇」，這些動作稱為「自我親密行為」。

16

追逐新商品的女性

女性為何會被新奇的甜食與化妝品吸引

帶來小確幸的物品

你有過這種經驗嗎？一聽到「新發售」這三個字就歡欣雀躍，一見到新奇的商品，不知不覺就花錢如流水？以前並未特別感興趣或想入手的物品，聽到是「新發售」就想要，這種傾向似乎在女性身上特別容易看到。當然，也有許多男性一看到新商品就立刻出手。不過，女性的特色是容易受甜點、雜貨、化妝品等比較買得起的商品吸引。女性比男性更重視**日常的小確幸**（▶▶P 24）；男性感興趣的是劃時代的家電商品、高規格的智慧型手機等新商品，女性感興趣的則是**身邊低價位的商品**。

此外，女性非常喜歡營養補充品、化妝品、日用品的試用樣品。尤其化妝品、營養補充品雖然超過預算，但附贈了新商品的試用樣品，女性就會心動想買。因為最新商品一出現，女性就會興味盎然，想立即試用。

喜歡新奇物品的人勇於挑戰

對新奇物品沒有抵抗力的女性，換個角度看就是「好奇心強」。例如，看到稀奇古怪的菜單，如果是新推出的，就會抱持「*愈怕愈想看」的心理去嘗試，這正是好奇心的驅使。男性採

＊**愈怕愈想看**　指愈感到危機與驚險，反而愈想體驗的心理狀態。高空彈跳、鬼屋等都可說是抓住此種心理的娛樂設施。

取大膽行動，通常是為了得到榮譽；女性則常**出於好奇而斷然行動**。這樣的好奇心在心理學稱為「**追求新奇**（Novelty Seeking）**氣質**」。這樣的人因為對從未見過的東西懷有強烈期待，有時容易做出沒耐性的衝動行為，但也有富於挑戰精神的優點。

好奇心強
追求新奇氣質

好奇心強的人被稱為「追求新奇氣質強烈」。那麼。追求新奇氣質強烈的人有什麼特徵？

求新奇氣質強烈者的特徵

衝動

決定要做的事就會立即付諸行動。一旦有想做的事，就很難採煞車。

虛榮心強

想擁有他人沒有的東西，藉此得到優越感。

沒耐性

熱情難以持久，喜歡的事情很快就膩了。容易見異思遷，熱情來得快，去得也快。

17 瘋迷保健品的女性

女性腦：一聽他人推薦，便深信不疑

女性容易受暗示

許多女性看到雜誌或電視節目介紹有益身體的食物後，若不下手購買或親口吃到，就心有未甘；聽到新的保健資訊，就想立刻嘗試，因為女性容易受此類資訊的暗示。

女性容易感到不安，**若有可消除不安的暗示，她們往往輕易接受**。一般認為，女性容易不安有以下幾種原因：

第一是**女性特有荷爾蒙的影響**。生理期前會變得心煩氣躁，主要原因就是荷爾蒙失去平衡。第二是**女性的腦部結構**，連接左腦與右腦的胼胝體（Corpus Callosum）與前連合（Anterior Commissure）皆大於男性，左右腦的訊息交換活躍，各種想法轉來轉去，以致不安感倍增。

此外，相較於男性，女性有**自我評價低**、**從眾性高的傾向**，這些都使女性容易接受暗示。因為缺乏自信，所以聽人說「這個東西好用」時，就不知不覺贊同他的意見，相信那項產品真的很好用。

期待「有益健康＝變瘦」

女性對「變瘦」比較敏感，也大大影響了女性對「健康」的關心，因為有不少人認為「**有**

益健康＝變瘦」。「可提升新陳代謝」「對下肢冰冷有效」的保健法有「形成不易胖體質」「消除浮腫」的效果，使女性更關心「健康」方面的資訊。從心理學來說，「保健品」與「＊**安慰劑效應**」（Placebo Effect）有極大關係。安慰劑效應指的是信念對身體帶來的影響。因為相信某件事「有益健康」，便覺效果可期，所以只要稍微見效，女性就會愈來愈沉浸於暗示中，認為：就是因為這個方法，我的身體才會這麼好！

安慰劑效應與反安慰劑效應

安慰劑效應與反安慰劑效應（Nocebo Effect）都是指心理因素對身體的影響。真的是「病由心生」嗎？

安慰劑效應

雖然是假藥，但服用後身體變好了

雖然喝的是無酒精啤酒，但覺得醉醺醺

將不含藥效成分的假藥給予患者，患者的症狀卻改善了。之所以有治療效果，是因為信念的力量改變了身體狀態。

反安慰劑效應

明明是假藥，但一停藥身體馬上惡化

被說氣色不好，身體立刻惡化

反安慰劑效應指因患者相信治療無效，而使病情惡化。負面的心情也會影響身體狀況。

＊**安慰劑效應**　信念對身體帶來良好影響的效應。醫師給予患者藥物，聲稱此藥效果極佳，但其實並無療效。患者相信醫師，服藥後症狀緩解。

18 講電話與寫信都落落長的女性

說話長篇大論但言語無味的女性心理

想表達情緒

我們每天的生活都少不了電話或郵件。與男性相較，女性似乎講電話的時間較長，郵件往返也較頻繁。不過，她們所講的話題其實不需花那麼長的時間，說話的內容也很無聊，有時會使男性感到厭煩。

一般來說，溝通有兩種意義。其一是傳達訊息，如工作上的聯絡、報告等；其二是表達自己的感情或心情，稱為「*表達性溝通」（Expressive Communication）。女性有「消除不安、得到安心感」的需求，才會透過電話與或信件表達自己的心情。

相較之下，男性不管談公事或私事，電話、郵件主要都是扮演聯絡工具的角色。即使是跟太太講話，仍抱持「如果這件事結束了，就趕快進入下一個行動」的心態。

愛好和平、協調性強的女性腦

女性講電話、寫信都落落長的主要原因，與她們「**想跟他人分享感情**」有關。

男性出生前，在母體內便接受男性荷爾蒙——睪固酮（Testosterone）的大量刺激，加強了鬥性與競爭心。女性則幾乎未受睪固酮影響，

＊**表達性**　表達指將內心的事表現出來。「表達性溝通」指為了表達情緒而進行溝通，反之則稱為「工具性溝通」（Instrumental Communication）。

所以擁有**愛好和平、協調性強的特質**，即使是瑣碎的事，也想與他人分享。

太古時代人類以狩獵為生，男性出外打獵時，女性合力保護聚落，因此，與周遭順利溝通的能力是不可或缺的。於是，與人交談時，在原本的話題之外，更著重於分享感情，就漸漸成為朋友間溝通良好的祕訣。

男女的差異
電話與郵件的存在

電話與郵件是生活中不可或缺的工具。這兩項工具雖然方便，但男性與女性的使用方法截然不同。

女性

報告近況
徵求意見
消磨時間

表達性溝通

表達自己心情與感情的工具

男性

只談事情
事情講完就想趕快掛電話

工具性溝通

完成所需最低限度目標的工具

19 喜歡禮物的女性

享受收禮與挑禮物送人的快樂

禮尚往來

女性喜歡時常收到小禮物，大禮當然更不用說。收到禮物時，會讓人覺得**「對方有把我放在心上」，這種感覺令人安心**。

這並不表示女性不喜歡送人禮物。表現「在乎對方」的樣子，能夠**確認與對方的良好關係**。這在心理學稱為「**情感互惠**」（Reciprocity Liking），意即人在接受善意時，也會想以善意回報。女性收禮後想要回禮，原因即在此。

不過，送禮時必須注意，如果禮物價格太高，會造成對方的負擔，互惠原則就不成立了。美國心理學家肯尼斯．格根曾進行有關心理負擔的實驗，他要受試者參加需要付小費的遊戲，由他借給受試者小費。他提出三種條件：「借出的小費可以不還」「付利息歸還」「只需歸還借出的部分」。結果，對受試者而言，這三個條件中，以「只需歸還借出的部分」所造成的*心理負擔**（Psychological Burden）最輕。雖然「可以不還」看起來最沒負擔，但會讓人有「欠人情」的感覺，因為**「太貴重」的禮物會產生反效果**。

享受挑禮物樂趣的女性腦

＊**心理負擔**　免費得到東西會造成心理負擔。試吃或體驗試用品時，總覺得不買似乎不太好，就是因為有心理負擔的關係。

女性左右腦的訊息往返暢通，所以也**擅長對目標之外的各種事物進行全面比較，做出最佳選擇**。男性購物時，對目標物以外的東西完全不感興趣；女性則會一邊想像對方收到禮物時高興的表情與使用禮物的畫面，一邊愉快地挑選禮物。

知道對方的喜好，認為**自己滿足了對方的喜好，這樣的自我滿足感**（Self-satisfaction）也會提高女性挑禮物的動機。

送禮物的動機

人生許多場合都有送禮的行為，其中存在各式各樣的動機。

1 喜歡對方

送禮物給孩子、朋友或伴侶皆屬此類。

2 感謝

孩子在父親節、母親節送禮物，表達對父母平日照顧的感謝。

3 回報

送禮物給照顧自己的人或上司、老師等，報答對方對自己的幫助。

4 投資

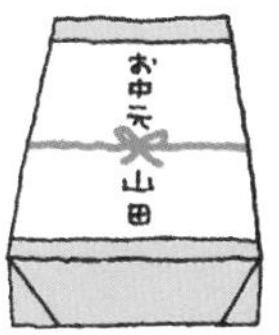

年終時送禮給客戶是一種投資，目的是為了維持工作上的關係。

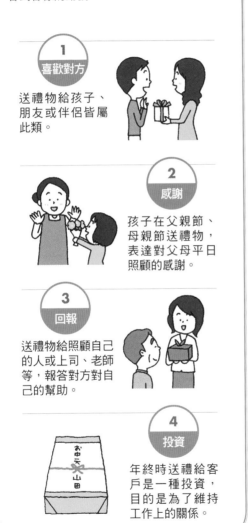

20 甜點放在「另一個胃」的女性

「另一個胃」不是形容感覺，而是實際存在

腦內荷爾蒙製造了另一個胃

女性應該常有這種經驗吧！享用美食之後，肚子已經很飽了。但很奇怪地，看到甜點又會想吃，這時，「甜點是放在另一個胃」這句話就派上用場了。

原以為「另一個胃」只是一種形容，實際上並不存在。但隨著腦部研究的進展，發現令人意外的事實：確實有另一個胃。

正確來說，所謂「另一個胃」，是指在**理應被食物塞滿的胃製造新空間**。當你覺得某種食物「看起來好好吃」，就會刺激腦部荷爾蒙——**食慾激素***（orexin）的分泌，促進胃與消化道的蠕動，把胃的內容物送往小腸，於是**胃部就出現了新空間**。

飯後人體的血糖值會上昇，使人產生飽足感。飽足感可說是腦部發出要我們停止進食的訊號。不過，雖然**實際上已吃飽，但如果腦部判斷「根據之前的經驗，吃掉這個東西更能得到飽足感」**，身體就會開特例，準備「另一個胃」。

女性從嬰兒時期就愛吃甜食

比起男性，女性著迷甜食的人口占壓倒性多數。這是為什麼呢？

***食慾激素**　腦部下視丘製造的物質，平常在血糖值下降時分泌。近年的研究將其視為「腦部食慾亢進物質」。

美國心理學家理查・尼茲彼（Richard E. Nisbett）針對男女對甜味喜好的差異進行實驗，研究對象為男女嬰兒。他給嬰兒喝普通牛奶與加了甜味的牛奶，結果顯示，愛喝甜味牛奶甚於普通牛奶的女嬰比較多。這個實驗證明，女性**從嬰兒時期開始就喜歡甜食**，可能是因為雌激素的分泌所致。

製造另一個胃的機制

許多女性雖然吃飽了，但還想吃甜點，或覺得如果有甜點的話，就還吃得下。這「另一個胃」是如何製造的呢？

照理說已經飽了，但看到蛋糕等甜食，又……

↓

胃部蠕動

分泌食慾激素，把胃部內容物送往小腸

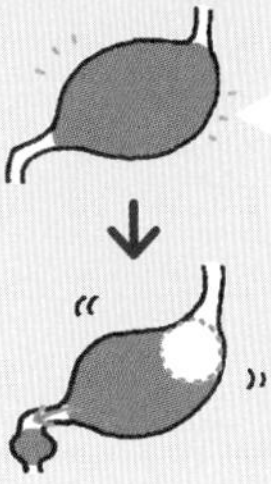

覺得「看起來好好吃」時，便產生「想吃」的欲望

為滿足欲望，分泌食慾激素

↓

在胃部製造新空間，也就是另一個胃

從過去經驗中知道那樣東西好吃，就想滿足欲望。

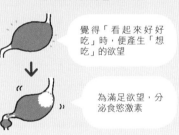

column 1

讓女性心癢難耐的行銷術

讓女性不知不覺買下商品的行銷法中，心理學居功厥偉。即使是看起來很普通的手法，也藏有能抓住女人心的祕密。

行銷術 1

「有贈品！」
「奉上試用品」

↓

讓顧客有划算感，能提高購買意願

買就送試用品

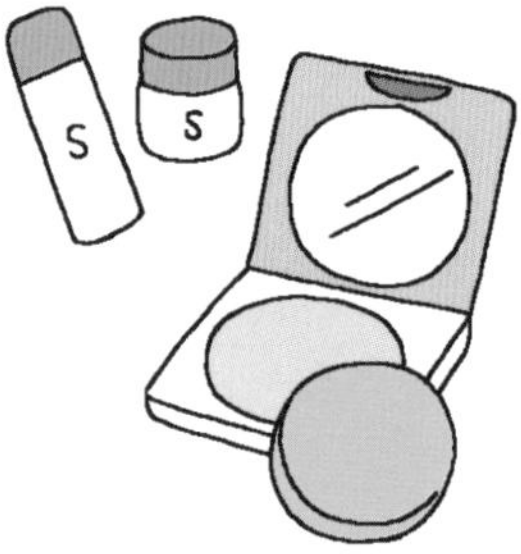

雜誌增刊

一舉兩得

女性雜誌的增刊常附贈化妝品或護髮品的試用樣品，這種販賣方法重視**「划算感」**與**「小確幸」**，對女性十分有效。

比起百年不見的超大利益，女性**對多次划算感所累積的小確幸比較有感**，所以會被增刊或試用品吸引。

只寫一半的步驟，讓人想完成全部

行銷術 2

「一週瘦五公斤的熱門減肥法？」

看到尚有後續發展的訊息或只寫一半的步驟，就有想要完成它的欲望

看到「熱門減肥法」的訊息

被減肥法的內容吸引，搜尋詳細內容

瀏覽網站，激起購買意願

聽到「廣告後有後續」、「下週請見後續」這類句子，大部分人都會好奇後續是什麼。人都會想知道半途中斷的事件後續發展如何，這種心理效果稱為「**蔡格尼效應**」（Zeigarnik Effect），指人對尚未處理完的事情，會想快點完成的心理。

減肥商品也一樣，與其用「〇〇減肥產品確實能讓你瘦下來」這種篤定的句子，不如用「傳說中的『那種』減肥法」，這種未完成的句子比較引人入勝。看到的人為了解後續，就會去瀏覽該產品網站或前往店面，購買意願便被強烈挑撥起來。

行銷術 3

「今年流行火山灰色！」

↓

認為多數人認同的事就是好的

購買火山灰色的物品 ← 在商店看到「今年推薦火山灰色」的看板 ＋ 看電視或雜誌上的流行色特輯

●不自覺從眾的心理

走在街上，舉目皆是「今年流行○○」「現在○○最紅」的廣告詞。每當有這類訊息傳播，支持該商品的人就會增加，這種現象稱為「*****樂隊花車效果**」（Bandwagon Effects），因為樂隊花車通常走在遊行隊伍最前方，吸引群眾在後方跟隨。

樂隊花車效果也屬於群眾心理中的**從眾行為**（▶P42）。女性因從眾性高，樂隊花車效果對女性特別有效。相反地，有些人追求標新立異，易被珍稀的商品所吸引，稱為「**與眾不同效果**」（Snob Effect）。

＊**樂隊花車效果**　典故來自美國19世紀的小丑Dan Rice，為總統候選人Zachary Taylor助選。當時競選活動因為有吸睛的樂隊花車，宣傳效應日益成功。隨著Taylor的名氣越來越響亮，更多的政客也開始趨於投向他，希望能夠「跳上花車」（jumping on the bandwagon）。因此英文俗語有從眾、跟風延伸之意。

行銷術 4

「閃亮亮」、「香噴噴」、「鬆軟軟」

↓

以「視覺」、「嗅覺」、「觸覺」等五感刺激購買慾

軟綿綿的東西
滑溜溜的東西
⋮
觸覺

這個東西有我喜歡的香味
這個東西有療癒的香味
⋮
嗅覺

閃閃發光的東西
鮮豔奪目的東西
⋮
視覺

女性的五感敏銳

任何人都喜歡漂亮、令人感覺舒服的東西，女性更是如此，因為她們所受的五感刺激比男性更豐富激烈。這點跟女性的特性有關。

我們先談「視覺」。女性的視網膜較薄，**容易察覺出物體的顏色與質感**（➡P18），所以喜歡金光閃閃與色彩鮮豔的東西。嗅覺方面，**女性腦部的嗅覺區比男性發達**，對氣味的反應敏銳（➡P118）。觸覺方面，一般來說，**女性皮膚的感受性高於男性**，對皮膚的觸覺非常敏感。

因此，女性對刺激五感的商品毫無招架之力。

女性為何容易受詐騙

女性容易受暗示

女性特性 1 自我評價低

這份教材保證能
提升你的技能喔！
A B C D
我的確沒有特長……

女性特性 2 從眾性高

這個產品受到二十
～三十九歲女性的
壓倒性支持
那我也要

女性的特性：不知不覺就相信了

「容易受暗示」是易受詐騙者的特徵之一。一般而言，與男性相比，女性有**「可暗示性」**（Suggestibility，即容易受暗示）**較高的傾向。**

可暗示性高的人有兩種特徵：**「自我評價低」**與**「從眾性高」**。女性可能因自我評價低，有「尊重需求」（Esteem Needs，→P160）較強的傾向。從眾性高則是受荷爾蒙影響，是女性獨有的特徵。

女性或許因自我評價低而不質疑他人言行，因為不安而不自覺從眾，所以容易落入詐騙圈套。

第2章

戀愛中的女性心理

1 近水樓台先得月

「周圍沒有好男人」？沒這回事！

對身邊的人抱持好感

想留下優秀基因是女性的本能，與男性相較，女性對異性的眼光更加嚴格。相親活動上，女性對尋找對象比較積極。但與其到處尋尋覓覓，不如就近尋找，說不定「好男人」就在你身邊。

美國心理學家阿諾・康（Arnold Kahn）曾進行實驗，研究在男女對話時改變彼此面對面的距離，是否會改變男女間的好感程度。他讓一名男性與一名女性相距約五十公分，與另一名女性相距約兩公尺，彼此對話；也讓數名女性反覆進行同樣的步驟，然後調查各受試者對何人較有好感。結果**無論男女，都對距離較近者有好感**。

美國心理學家費斯廷格（Leon Festinger）以大學住宿生為調查對象，發現初入住時，房間距離較近者感情較好。初見面時，跟距離近者關係較好的現象稱為「**接近性因素**」（Factor of Proximity）。

從這些實驗可知，人與人之間的物理距離與心理距離有密切關係。每個人都有自己的*個人**空間**（Personal Space）；其他人若進入特定距離之內，就會感到不快；但不會介意親密好友或喜歡的人接近自己，甚至還很歡迎。

＊**個人空間**　自己周圍容許他人接近的空間，大致可分成四個範圍。文化、性別差異等也會改變對距離的感覺。

近距離戀愛容易成功！

依據美國心理學家*博薩德（J.H.S.Bossard）的調查，**物理距離與心理距離成正比**。他調查五千對已婚夫妻，其中有三分之一婚前是住在五條街以內。而婚前住所相隔愈遠，離婚率愈高。就算覺得「周遭沒有好男人」，但你的戀愛候選對象可能就在你身邊，跟身邊的人談戀愛成功率也比較高。

何謂個人空間？

人會不自覺地測量與他人的物理距離，這個距離大致也表示心理距離。

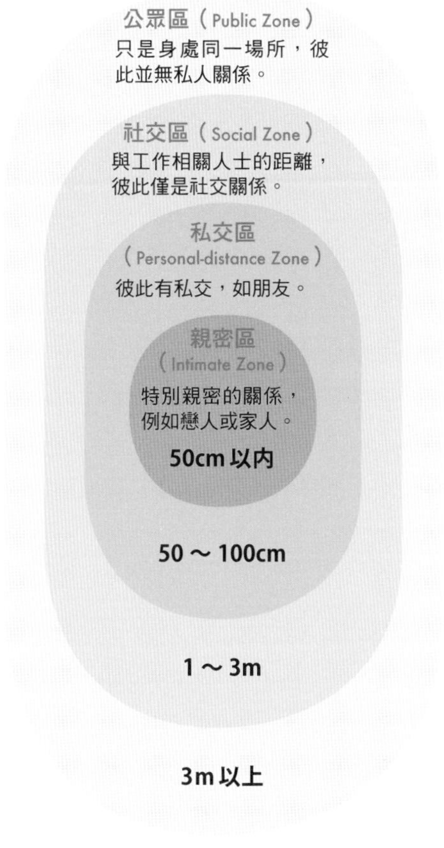
公眾區（Public Zone）
只是身處同一場所，彼此並無私人關係。
社交區（Social Zone）
與工作相關人士的距離，彼此僅是社交關係。
私交區（Personal-distance Zone）
彼此有私交，如朋友。
親密區（Intimate Zone）
特別親密的關係，例如戀人或家人。
50cm 以內
50 ～ 100cm
1 ～ 3m
3m 以上

物理距離＝心理距離

關係親密的人即使進入觸手可及的距離，也不會令人不快；但只有工作上關係的人猛然接近，就會讓人不知所措。

＊**博薩德法則**　男女之間物理距離愈近，心理距離也愈近。因此交往中的男女物理距離愈遠，結婚機率愈低。

2 物以類聚

與自己相似的人最適合當伴侶……

相似的人互相吸引

我們在街上看到的情侶，大都有類似的容貌與服裝品味，看起來十分相配。這種現象稱為「*配對理論」（Matching theory）。一般而言，人在選擇戀愛對象時，都會找外表魅力與社會地位相似的人。

人與人之間會彼此親近，最主要的原因是物理距離相近（**接近性因素**，▶P64）。費斯廷格對大學住宿生的調查顯示，初入住時，房間距離較近者感情較好；但後續調查發現，時間久了，思考方式、性格、態度類似的學生會漸漸交好，這種現象是「**類似性**（Similarity）**因素**」所造成。

人會對與自己有相同要素者產生親切感與安心感。例如，只要知道對方的出生地、所讀大學或興趣與自己相同，立刻倍感親切。**與自己有共同點的人比較容易理解**，比起沒有交集的人，相處起來更安心。

女性有親和需求強、尋求共鳴的傾向，更重視共同點或類似性。因此，多數女性選擇與自己相似的對象。

結婚要找能互補的人

＊**配對理論**　一種戀愛關係的假說，指出外表魅力相近的男女容易配成對。這個假說在社會地位與容貌等因素間也成立。

不過，也有的情侶或夫妻性格南轅北轍，令人懷疑「這兩個人怎麼會在一起」。這種配對屬於「**互補型**」，即兩人在對方身上尋求自己匱乏的部分，補足彼此的缺憾或弱點。根據調查，在實際的婚姻生活中，互補型夫妻比類似型夫妻相處更順利。認為互補的人比較適合配對，稱為「需求互補論」（Complementary Needs Theory）。

類似性與互補性

有些情侶或夫妻兩人簡直一模一樣，有些則迥然不同。兩種配對方式各有優點。

類似性配對

興趣相同
都比較喜歡外出，不愛待在家
兩人都愛好社交

兩人性格或興趣相似，就會有許多共同話題，也容易知道對方的心情，相處起來比較沒有壓力，能建立穩定的關係。

互補性配對

愛操煩
×
樂天派
支配性
×
服從性
樂於助人
×
依賴性重

有些人性格背道而馳，卻能彼此互補，簡直天生一對。因為兩人角色是固定的，所以很少發生爭執。

3 男女出軌的差異

如果出軌對象能滿足自戀，女性往往會弄假成真

女性出軌是為了填補心靈缺口

大家都說「男性是出軌的生物」。男性為什麼會想拈花惹草呢？

從演化心理學（Evolutionary Psychology）的角度，男性有希望留下自己後代的本能需求，因此性需求較強，希望盡可能與更多女性發生性行為；除了太太，也想與其他女性性交。

而女性出軌的動機似乎是「**精神上的匱乏**」。女性很少因性需求而出軌，通常是因**心理不滿足，為填補心靈的缺口，才產生出軌的想法**；亦即，女性是基於「人都希望被讚美、被尊敬」的心理，**為滿足自戀而出軌**。這在美國心理學家*亞伯拉罕・馬斯洛（Abraham Harold Maslow）所提的人類需求五層次中，屬於第四層次的「**尊重需求**」（➡P160）。女性在與原本伴侶的關係逐漸失去新鮮感、感覺不到被愛時，就會想尋找可填補心靈空虛的對象。

女性容易從「亂搞」變「真心」

男女對伴侶外遇的反應有何不同呢？

男性在意的是太太與外遇對象是否有性行為，因為如果有性行為，而太太懷孕了，他沒有把握是否為「自己的種」。男性無法容許這

* **亞伯拉罕・馬斯洛**　人本主義心理學（Humanistic Psychology）的先驅。用「馬斯洛需求層次理論」（Maslow's hierarchy of needs，P161）說明人類的需求，教育與經營管理領域也經常使用此理論。

種可能性發生。

而女性在意的是男性是否「精神出軌」。如果有，表示男性不太可能再愛自己、保護自己，這點會讓女性心灰意冷。

不過，一般認為，男性藉由外遇滿足性需求後，就會知足，對外遇對象依依不捨的可能性很低。相反地，女性希望與外遇對象有精神上的連結，真心愛上外遇對象、捨棄原本伴侶的可能性很高。一般認為，女性外遇的後果會比男性嚴重。

男女的差異

出軌的心理

男性出軌的理由大都是基於本能，想「保留自己的種」，女性出軌的理由大都是為了感情。

女性

心靈上被吸引　　　發生性關係

因心靈被吸引而出軌

本能上想要更優秀的基因，雖然也是女性出軌的原因之一，但大多數女性如果沒有「喜歡對方」的感覺，就做不出劈腿這種事。

男性

肉體上被吸引　　　發生性關係

為滿足性需求而出軌

讓子孫綿延不絕是男性的宿命，因此，也有男性遇到有性吸引力的對象就出軌。不過，這種情況多半是逢場作戲。

4 對男性翻舊帳

女性的海馬迴發達，往事都能鉅細靡遺地記下來

女性不會忘記紀念日，男性卻會，是因為男女腦部的差異

夫妻或情侶吵架，經常是因為女性拿過去的事指責男性，例如「你去年也忘記我的生日」「上次吵架時你也說了同樣的話」等等，但男性往往已忘得一乾二淨。這是因為女性的「*情節記憶」（Episodic Memory）能力較強，能詳細記住過去的點點滴滴。

依據訊息被保存時間的長短，我們可將記憶分成**感覺記憶**（Sensory Memory）、**短期記憶**（Short-term Memory）及**長期記憶**（Long-term Memory）。情節記憶屬於有關個人經驗與事件的長期記憶，包括時間、地點、當時的情緒等，例如「去年暑假全家去伊豆游泳，在海邊小屋吃西瓜，真的很開心」之類的記憶。

情節記憶的形成需要用到腦部的「**海馬迴**」，而女性的海馬迴比男性發達，所以一般來說，女性比較擅長情節記憶，昔日大小事都能記得很清楚。有些男性認為不需記住的瑣碎小事，女性卻覺得理所當然該記得。

情緒起伏會強化記憶

除了海馬迴，腦部的其他區域也有性別差異。

＊**情節記憶**　與特定時間、地點連結，有關個人經驗的記憶，屬於長期記憶。與海馬迴和前額葉皮質區（Prefrontal Cortex；PFC）有關。

男性左右腦的功能趨向專門化，右腦主管情緒，左腦主管邏輯；而女性的腦部結構中，**連接左腦與右腦的胼胝體與前連合皆大於男性，左右腦的訊息交換活躍**。男性的左腦與右腦偏向獨立運作，情緒與腦部其他作業的機能各自獨立；而**女性腦部的情緒區域廣泛分布在左右腦，腦的其他部分活躍運作的同時，情緒也隨之活動**。而且，因為情節記憶也包含情緒，女性的情緒起伏較大，所以對經驗與事件的記憶也比較強。

女性為何記憶力強？

過去的事與瑣碎的事，女性都比男性記得清楚，這種差異與腦部結構有關。

- **海馬迴比男性大**
- **女性荷爾蒙促進海馬迴的活化**

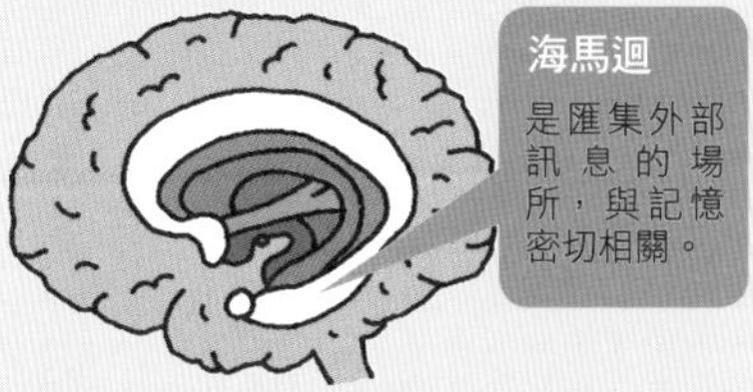
海馬迴
是匯集外部訊息的場所，與記憶密切相關。

海馬迴匯集的記憶會被送往顳葉（Temporal Lobe）長期保存。長期記憶即有關個人所經歷事件的記憶，包括情節記憶。

＋

- **情緒區域廣泛分布在左右腦**

女性的情緒區域並非獨立存在，而會與其他腦部活動起連鎖反應。一般認為，女性的情緒區域也大於男性。

↓

加入情緒的記憶將永遠牢記在心。

5 在女性面前絕不要說「都可以」

男女沒說幾句話就吵架，是因為深層心理的差異

女性希望兩人能一起思考

男性跟女性說話時，常沒說幾句就得罪女性。例如，女性問男性：「今天要做什麼菜？」男性回答：「都可以。」這種反應會讓女性覺得男性沒有責任感，對她的話不感興趣。特地要做菜給他吃，結果他一副無所謂的樣子，往往會激起女性的怒火。於是，**長期記憶強的女性**（➡P70）**就想起了男性過去一連串類似的言行，愈想愈氣**。

因為男性深入思考事物時只用右腦，要花許多時間能才想出一個答案，所以往往不管三七二十一就先回答「都可以」。而女性可以同時使用左右腦思考各種事物，無法理解男性的狀況，才會覺得他「不為自己著想」。

對男性來說，他已經對做菜的女性表達了關心；因為說「都可以」也有「不要太麻煩就好」的意思，但女性無法理解這層意思。男性重視「結論」，不覺得必須表達出內心深處的理由；而女性重視對話的溝通，認為**沒有把心裡想的事說出來就是錯的**。此外，女性「*同理心」（Empathy）**強，渴望周遭能同理自己**，比起只提出結論，更希望能一起思考、一起傷腦筋。

＊**同理心**　指分享他人喜怒哀樂，正確推想出他人的情緒。一般而言，女性比男性有同理心，更希望能得到周遭的共鳴。

女性想要的是同理，而非答案

女性跟男性商量事情時，通常是尋求「同理」，而非「答案」。例如，女性在職場遇到困擾，找男性商量時，男性往往打斷女性的抱怨，提出解決問題的建議。只不過，**女性想要的不是建議，而是要對方同理自己，從中得到安心感與肯定感**；只要男性仔細傾聽她們的心情，表示同理，對她們說「辛苦了」「那傢伙真的很討厭」就可以了。

同理心與同理疲勞

同理心強是女性的特徵。不過，如果同理心太強，將他人的情緒照單全收，變成自己的情緒，可能會讓自己吃不消。

同理心

同理心即共享他人的喜怒哀樂。看到朋友高興的樣子，自己也跟著高興；看到他痛苦，自己也感同身受。

↓ 同理心過強

形成同理疲勞

「他應該很為難吧」
「如果換成我……」
接收太多他人的情緒，就像事情發生在自己身上一般，會導致精神疲勞。

6 分手時已為下一段戀情做好萬全準備

女性在實際分手前便超前部署

飛快做好心理準備

在一般人的印象中，戀人分手時，女性因為比較情緒化，常常容易放不下。但從心理學的角度來看，女性的切換速度其實比男性快。經過一場痛徹心扉的失戀後，她們可以乾淨俐落地放手，尋找下一段戀情。女性**因親和需求強**，希望身旁有人陪伴，對於分手後變成孤單一人感到強烈不安。所以，在**考慮是否要分手到決定要分手這段期間，便已開始思考現在的狀況，甚至為將來做好心理準備**。男性雖也會考慮是否分手的問題，但他們的腦袋不會考慮到下一步該怎麼辦。所以，分手後，女性能很快找到新戀情，男性卻才開始面對內心的煎熬，需要花一段時間才能再重新振作。

此外，女性溝通能力較強，**可以敏銳感覺到對方心已不在自己身上，所以能迅速察覺失戀的可能性**，未雨綢繆。熟年離婚的情況中，通常是妻子已做好各種準備，提出離婚時，丈夫卻還摸不著頭腦。

失戀時看每個人都充滿魅力

為何失戀後能很快找到新對象呢？人在**失戀後心情低落的狀況下，很容易陷入感情**。美國

＊**自尊理論**　對他人的評價是相對的，會隨自我評價的高低而變動。缺乏自信時，通常會覺得對方很優秀。

心理學家伊蓮・華斯特（Elaine Hatfield Walster）提出「*自尊理論」：人因意志消沉而自我評價下降時，對周遭人的評價會相對提高，覺得他人都很傑出；相反地，自我評價高的時候，對周遭的評價就會降低，覺得身邊沒有出色的對象。剛失戀時，覺得自己很糟糕，周圍的人都比自己有魅力。如果這時遇到欣賞自己的人，就容易對他產生好感，如果有人安慰自己，就會情不自禁萌生愛意。

才剛失戀，新戀情便同步起跑

人失戀後，有自我評價降低的傾向。因為自我評價低落，就覺得周遭的人看起來都很迷人，很可能因此進入下一段戀情。

分手的預感

老是見不到面，見了面好像也沒有很高興，使女性產生分手的預感。

↓

沮喪

因快分手或已經分手而鬱鬱不樂。

↓

周遭的人看起來都很有魅力。

自我評價下降時，對周遭人的評價相對提高，覺得別人好像都很有吸引力。

↓

被意想不到的人吸引

因為對他人的評價提高，連以前不感興趣的人也列入考慮。

7 戀愛總是不長久的女性

不管失敗幾次，總認為問題不在自己身上

分手的原因是什麼？

有些女性與同一個男性長久交往後，步入婚姻；有些女性雖有男友，但總無法天長地久，有時覺得「這次應該有希望」，但終究迎來分手。「戀愛談不久」到底有何心理因素呢？

針對某一事件，思考其前因後果的內心活動，稱為「*歸因」（Attribution）。歸因的方向可分為兩種類型，一種是「**內在歸因**」（Internal Attribution），認為事情發生的原因在於當事人的性格、態度或能力；另一種是「**外在歸因**」（External Attribution），認為原因在於當事人的周遭環境或狀況。思考分手原因時，把重點置於內在或外在，答案將大不相同。

傾向外在歸因的女性與戀人吵架時，會認為是對方的錯或當時狀況不對，不會認為自己有錯。例如對方沒吃完自己做的菜，就會加以指責：「我特地為你做的菜為什麼不吃完？是不是不愛我？」而不會考慮到內在因素——自己做菜技術不佳。這類女性不會承認自己的錯誤，往往因小小的爭執而造成嚴重裂痕，進而導致分手。因為不知反躬自省，同樣的分手模式總一再重演。

＊**歸因**　指推測人的行為或事件原因的心理過程。美國心理學家弗里茲．海德（Fritz Heider）提出「內在歸因」與「外在歸因」兩種原因歸屬模式。

為維護自尊心而歸咎他人

有些人不屬於外在歸因型，而是因先入之見、偏見等原因而吵架、分手。人對於自己周圍發生的事，**傾向將好事歸於內在因素，將壞事歸於外在因素**，這稱為「**自利偏誤**」（Self-serving Bias），**是為了維護自尊心的無意識行為**。壞事發生時，人往往無意間將壞事歸罪於對方或環境，而非自己。

內在歸因與外在歸因

老是重蹈覆轍，和你對失敗的歸因有關。
什麼樣的內心活動讓你走向失敗的老路？

思考分手的理由

內在歸因型

- 自己肚量太小
- 對方受不了自己的驕傲

↓

問題在自己身上

‖

重新檢視自己，下次遇到相同的事就能正確因應，避免失敗

外在歸因型

- 對方不是好人
- 因為遠距離戀愛，很少見面

↓

問題不在自己身上

‖

不檢討自己的錯誤，不管談幾次戀愛，還是會一錯再錯。

8 不能沒男友

可能是「愛情上癮症」，或是不成熟、孩子氣的戀愛

依賴需要自己的戀人

沒有空窗期，身邊男友不斷、沒完沒了的女性，可能有輕度的精神疾患——**愛情上癮症**（Love Addiction）。

人在幼時，如果覺得所得的愛不夠，就無法肯定自己的價值，還會產生**強烈自我否定的情緒**，認為自己是「糟糕的人」、「不被愛的人」。這樣的人殷切盼望能「更加被愛」與「被人需要」，所以對他們來說，愛自己、重視自己的戀人是不可或缺的。

若你有愛情上癮症，但經常缺對象，就會焦躁不安；**為了用戀愛來滿足心靈，就會不斷交男（女）友**，並且盼望與戀人同一步調、水乳交融，到了異常的地步——希望一天到晚黏在一起，若無法時時掌握對方的行動，就不善罷干休，有時會因此把對方嚇跑。

希望與人在一起

然後，又一次次跟新對象交往、要戀人隨時在自己身邊，享受**把戀愛當遊戲的樂趣**。這樣的女性中，有些**雖然看起來是成人，但其實內心尚未成熟**。她們對「戀愛」雖興致濃厚，但**無法判斷自己喜歡、適合什麼樣的對象，對任**

何男性都一樣有興趣。許多這樣的女性會看上其他女性中意的男性，經常引起感情糾紛。因為她們對男性的評價標準並不明確，所以很在意同性的評價，容易對朋友讚美的男性產生好感。俗語說「*圍籬另一邊的草比較綠」，因為總覺得別人的東西比較好，所以老是對其他女性的男友興致勃勃。但她感興趣的並非那位男性本身，而是**未到手的東西**。也有人是對該男性的女友**起了競爭心，想把她的男友搶過來，藉此得到優越感。**

愛情上癮症的特徵

伴侶不隨時在身邊就無法安心的人，很可能有愛情上癮症。他們的特徵是缺乏自信，所以無法獨立。

1. 希望對方拿出愛自己的證據。

2. 為排遣寂寞，跟不喜歡的人發生關係。

3. 無論何時何地皆重色輕友。

4. 經常害怕被拋棄。

5. 容忍戀人的一切。

6. 雖然戀愛都不長久，但男（女）友不斷。

＊**圍籬另一邊的草比較綠**　英國俚語，形容「別人的東西看起來總是比較好」的心理。人因為有自卑感，會拿自己的缺點與別人的優點比較（原文：The grass is always greener on the other side of the fence）。

9 喜歡大叔的女性心理

幼時經驗的影響，在伴侶身上尋找「父性」

對父親的強烈依戀與被剝奪的敏感度

演藝界有不少年輕女性與年長二十歲以上的男性結婚。一般女性中，也有不少視年長十歲以上的男性為理想伴侶。「**戀父情結**」（➤P190）的概念可以說明這些女性的心理。戀父情結指女性**對父親有強烈的依戀與依賴心，將父親形象理想化，在伴侶身上尋求「父性」的心理狀態**。她們的父親也許幼時經常不在身邊，或沒有對孩子付出感情，或管教嚴格難以親近；於是她們希望伴侶能滿足這些缺憾，也有人想找年長男性來彌補。

父親是人出生後第一個接觸的男性，對女兒來說，父親的愛是不可或缺的。如果缺乏父愛，就會產生強烈的精神飢渴，甚至發展出足以左右人生的戀父情結。與年齡懸殊的大叔反覆發生婚外情的女性，多半有戀父情結。

「反差」也是一種魅力

有些女性雖不至於有戀父情結，但會被年長自己一大截的男性吸引。她們認為這些男性的魅力在於「令人尊敬」「包容力」「經濟能力」「社會地位」，這些確實是大叔勝過同齡男性的部分。除了以上優點，**「*反差」（Gap）似**

乎也是一種魅力。大叔在人前扮演值得依賴的成人角色，帶領女性；兩人獨處時又會撒嬌，露出脆弱的一面，激起女性的母性本能。這種印象的反差，更讓人感到「可愛」。心理學稱此為「**得失效果**」（▶P29），也就所謂的「傲嬌」。或許反差帶來的意外相當令人心搖神馳。

缺乏父愛的環境與影響

女性如果在兒童時期感受不到父愛，長大之後仍會持續追尋父愛。這點會影響到與異性的關係。

缺乏父愛

父母感情
不好
太忙碌，
總是不在家
不關心孩子

父親是第一個接觸的異性，但在感受不到父愛的環境中成長。

↓

對女性的
影響
沒有被愛
的自信
只對跟父親年齡相
仿的年長男性心動
婚外情

長大之後，仍繼續追尋父親的身影，對戀愛也沒有自信。

＊**反差**　兩種事物之間有所差異，或有等級的差距。世代差異稱為「代溝」（Generation Gap），文化差異稱為文化鴻溝（Culture Gap）。

10

喜歡年輕男子的女性心理

獨立自主的女性發現與年輕男子交往的好處

「穩當可靠」的女性大量湧現

從前的情侶或夫妻，多半是男性年齡較長，但最近「娶某大姊」的案例逐漸增加。

根據厚生勞動省針對日本的調查，一九七〇年，女大男小的夫妻不到百分之十，將近百分之八十的夫妻是男大女小。但到了二〇一〇年，女大男小的夫妻增至近百分之二十四。現在也有不少女性與小自己十歲以上的男性交往，愈來愈多三十、四十多歲的單身女性嚮往這種配對方式。

這種狀況的背景與社會劇烈變化有關。「***性別平等**」（Gender Equality）的思想普及，女性的社會參與增加，愈來愈多女性的工作表現勝過男性。由這種「穩當可靠」的女性掌握主導權的姊弟戀與日俱增。

其實對年輕男性撒嬌比較容易

獨立自主、穩當可靠的女性選擇年輕男性，有幾種心理因素。首先是意外發現**對小男友比較能撒嬌**。獨立堅強的女性也會受女性荷爾蒙影響，抱持被動心態，渴望對伴侶撒嬌；但如果對方是年長的穩重男性，多半也希望伴侶是端莊的女性，所以女性撒嬌的機會也比較少。

＊**性別平等**　男女權利平等、沒有差別待遇的理念。日本自1999年實施「男女共同參與社會基本法」等法案後，女性的社會參與更加活躍。

相反地，小男友不會說教，且坦然自若，比較能放心對他們撒嬌。此外，從年輕男性的角度來看，成熟穩重的大姊姊對自己撒嬌，也滿足了他們的男性自尊；加上與平時不同的「**反差萌**」，更讓年輕男性覺得她可愛。

年輕男性的魅力還有朝氣蓬勃、身強體壯。他們會平等對待女性，沒有驕傲自大的痼疾，也願意努力配合女性的喜好。

年輕男性的優點

近來，姊弟戀愈來愈常見。感覺不太可靠的小男友到底有什麼好處？

朝氣蓬勃、身強體壯

年輕男子擁有充沛的精力，看起來光彩照人。因年輕而不成熟的部分反而令人莞爾一笑，激發女性的母性本能。

不自大

男性有自尊心過高的傾向，如果年齡較小，地位低、缺乏歷練，就不會有驕傲自大的痼疾。

願意為女性努力

年輕人比較有彈性，能坦然接受女性給予的建議或忠告，也可能努力改變。

過去的嫉妒對象比較少

也許因人而異，但一般來說，年輕人的戀愛經驗比年長者少；對年長女性而言，嫉妒對象少，也比較安心。

11 為小事起反感

對女性而言，細微的情緒與感覺是重要的評斷標準

女性黑白分明？

有些女性雖然最初認為對方是很好的對象，但試著交往後，便開始嫌棄一些小事，很快就對對方產生不信任感。例如，自己週末想約會，但男性與朋友有約在先，想赴朋友的約，光是這件事，就可以讓女性不由分說申斥對方：「朋友比我重要嘛！原來你是這種人！」很多女性會做出這種太過極端的判斷，心理學稱此為「*
認知扭曲」（Cognitive Distortion），亦即思考方式缺乏彈性、容易做出偏激的結論、使用「**非黑即白**」的二分法思考。這種情況多發生在女性身上。

女性常用二分法思考，是因為女性感受性較強，比男性更容易感情用事。男性的左右腦明確分工，除了感情，還能另外用邏輯思考；而女性腦部的**情緒區域廣泛分布在左右腦，思考的同時，情緒也容易起連鎖反應**（▶P71）。

以自己的感覺為判斷標準

女性有時會以「生理上抗拒」為理由嫌棄男性。即使原本正常交往，但看到對方討厭的一面，產生生理上的抗拒感後，就不願再接近那名男性。

＊**認知扭曲**　對事物的思考方式較偏激，例如以非黑即白、非此及彼的兩極化方式看待事物、以偏蓋全等。

女性經常用「生理上覺得……」做為理由，男性則很少有這種傾向。女性的思考與情緒容易起連鎖反應，所以也**常以生理上感覺舒服與否來做價值判斷**。例如，原本並不特別討厭的男性，但看到他某些地方不乾淨，或吃東西很粗魯，就會覺得那個人讓自己不舒服。一旦在生理上有抗拒感，即使對方不是壞人，女性也會避之唯恐不及。女性憑感覺判斷事物的徹底程度，是男性完全想像不到的。

因為小事而討厭對方

女性有「想留下基因優良的後代」之本能，所以若發現對方做出讓自己「生理上不能接受」的事，就會開始嫌惡對方。

1 外表、性格女性化

舉止動作像女人、性格優柔寡斷都會讓人感覺不舒服。

2 飲食方式粗魯

吃東西發出聲音，食物灑得到處都是等等。

3 說話或笑的方式令人火大

其他人覺得不足為奇或難以改變的部分，仍會感到厭惡。

4 裝熟

明明不是親密的朋友，卻靠近或觸摸自己，令人不悅。

12 容易受心儀對象影響

操作自己的印象，以符合對方的標準

想成為心儀對象喜歡的女性

聽說心上人理想中的女性形象，為了符合那個形象而留長頭髮或改變興趣……應該有女性做過這樣的事吧？

為了符合愛慕對象的喜好而改變自己給人的印象，稱為「*印象管理」（Impression Management）。心理學實驗證明，女性比較容易做出這樣的行為。

美國普林斯頓大學（Princeton University）召集一群女大學生，先確認她們是事業取向還是家庭取向。接著，交給她們某個有魅力男生的簡歷，上面除了寫著他的專長與興趣，還註明「正在徵女友，喜歡家庭取向的女性」。研究者請女學生填寫問卷時，也請她們填寫自己的簡歷，告訴她們，之後會將簡歷交給那個男生。問卷中的問題以不讓受試者察覺的方式，鑑別她們是事業取向還是家庭取向。分析答案時，發現一開始回答「事業取向」的女生，有許多變成「家庭取向」。也就是說，她們**為了獲取優質男生的好感，不自覺地投其所好**，這就是「印象管理」的行為。

模仿對方的動作可獲取好感

＊**印象管理**　意識到自己給予他人的印象，依據對方的喜好而操作自己的印象。可能是刻意為之，也可能是不經意地進行。

大家都知道的「*鏡像效應」（Mirror Effect）——人會不自覺地模仿心儀對象的舉止動作，就是「受心儀對象影響」的例子。無論有意或無意，模仿對方是表示對他的尊敬與善意，對方也因此容易把你當做朋友或同夥。這種心理作用也能運用在工作上。一般來說，大部分業績好的業務都會有意無意地活用鏡像模仿，模仿對方的舉止動作，給人好印象。但是要注意，模仿不要太露骨，以免讓人覺得可疑，而引來反感。

印象管理的例子

印象管理有縮短人際關係距離的效果。所以在許多場合，都被當做策略來運用。

配合愛慕對象的喜好

為了迎合意中人，改變自己的想法，或去做以前沒興趣的事。

在愛慕對象面前吃得比較少

為了避免對方覺得「明明是女性還那麼會吃」，所以自然就吃少一點。也有可能是因為緊張才吃得少。

交往人數稍微報少一點

為避免對方覺得自己是所謂「戀愛經驗豐富的女性」，而將交往人數報少一點，但男性反而會故意報多。

＊**鏡像效應**　對有好感的人，不自覺地模仿他的動作舉止。反過來說，人也會對動作舉止跟自己一樣的人抱持好感，這也稱為從眾效應（Conformity）。

13

永遠在等待「白馬王子」出現

與婚姻無緣的主要原因：丟不掉的依賴心

給自己幸福的人遲早會出現

有不少女性喜歡看「夢中情人出現，帶給主角幸福」的戲劇與漫畫。在現實人生中，她們對戀愛或結婚對象也採取高標準，但又不肯主動尋找，只一味等待對方來接近自己。這種女性的心理狀態稱為「*灰姑娘情結」，典故來自童話《灰姑娘》。

這種情結的產生，來自**潛意識中「希望有人保護自己、讓自己依靠」**的願望。有這種情結的女性，大都是在**過度保護下成長**。從小就是父母的掌上明珠，一路被呵護備至，一切需求都被滿足，所以未培養出獨立自主的精神。到了適婚年齡，為了面子，雖然也希望從父母身邊獨立，但只是**希望「白馬王子」出現，代替父母照顧自己**。

一味等待造成惡性循環

雖然現在擁有高社會地位的女性愈來愈多，但在許多人的觀念裡，理想的家庭形態仍是男性賺錢、女性理家。因此，有些女性即使才能兼備、可獨當一面，但對於是否要跟男性一樣自力更生，內心仍猶豫不決，所以依舊靜待「白馬王子」的降臨。

＊**灰姑娘情結**　由美國作家柯列特．道林格（Colette Dowling）提出，指心理狀態跟灰姑娘一樣，抱持依賴心，等待理想男性出現，帶給自己幸福。

有灰姑娘情結的女性因為理想太高，導致與婚姻無緣。**她們只把自己當寶，對方若不是足以和自己匹配的完美情人，就無法把心交給他。**更糟糕的是，理想雖高，自己又不肯努力去尋找心目中的理想情人、獲取他的認同。無論對戀愛、婚姻的期待有多強烈，但始終以「依賴」為目的，被動等待。這種狀況若持續下去，對白馬王子的渴望會愈來愈高、標準愈來愈嚴苛，離現實的戀愛也愈來愈遠，陷入惡性循環中。

灰姑娘情結引起的悲劇

嘆息遇不到好男人的女性、老是下不了決心結婚的女性……，都暗藏以下某種心理。

從小被過度保護

在父母親的細心呵護下成長

↓

總想依賴他人

長大後仍無法獨立，形成依賴體質，總想要他人保護。

↓

總有一天會有人來拯救自己，為自己帶來幸福……

⬇

- 無法提升自己
- 理想高， 不肯妥協
- 錯過適婚年齡

14

被沒用的男人吸引

離不開沒用男人的女性有她自己的理由

從被依賴中確認自己的存在價值

有些女性明明聰明、個性好，卻總是跟沒用的男人交往。沒用的男人指不工作、吃軟飯、若被指責任性自私就大發雷霆的男人。這種男人無論誰看了都會說他「無能」，為什麼還要跟他交往、保持關係？

從心理學的角度看，**獨立的人與依賴的人在一起，能從中感覺到自己的存在價值，對自我的感覺良好**。

也就是說，跟沒用男人在一起的女性，對能幫助對方而感到快樂滿足。這樣的女性多數在兒童時期就照顧弟妹、在學校擔任班長，從照顧他人中形成「*自我認同」，因照顧人而受到讚美，從中確認自己的存在價值。沒用的男人依賴、需要自己，讓自己感到喜悅、人生因此有了意義。**獨立者與依賴者可說是互相需要**。

不認為自己有錯

女性與沒用男人交往的心理因素，可能還包括「**認知失調**」。

這是美國心理學家費斯廷格所提出的概念，「認知」指對自己與周遭環境的認識或見解，當有兩種以上認知要素彼此矛盾，就會使人產

***自我認同**　又譯為「自我同一性」。指心中對確認自我存在意義的問題（如「自己是什麼人」）之概念。

生不適感。人會改變自己的態度或行為，以消除「認知失調」。

具體來說，看上那樣的男性、跟他交往，跟批評那個男性無用，兩者之間存在矛盾之處。

因此，女性會找藉口正當化自己的選擇與行為，例如「他的努力沒有得到回報」「他本性不壞，但有心靈創傷」等。

消除認知失調

人有時雖然在理智上知道自己錯了，但感情上不想承認，就會用牽強附會的方式消除這種認知失調。

發生認知失調

認知 A
兩人相愛、交往

矛盾

認知 B
對方不停劈腿

↓

尋找正當化的理由

認知 C
他最後還是會回到自己身邊

認知 D
總比沒伴的孤家寡人好

B加上C、D後，A與B的衝突便減少了，自己的行為也顯得沒那麼矛盾。

↓

認知失調消除

15

無法停止偷情

偷情的危險刺激容易令女性興致昂揚、陶醉其中

正因為不被容許，才打得火熱

依據某女性雜誌的問卷調查，平均年齡三十歲的單身女性中，約三成有與已婚人士交往的經驗。婚外情理應是「不被容許的關係」，但對單身女性而言，似乎是比想像中還要切身的事。

從心理學學的角度，人愈被嚴格禁止做某件事，那件事就愈吸引人，這叫做「**卡利古拉效應**」（▶P25）。「婚外情」被認為是不道德的，有付出賠償金與受社會制裁的風險；但**正因為它是危險、被禁止的事，反而使人情不自禁沉迷其中**。

因為在重重阻礙下，兩人仍彼此渴望，所以相信外遇一定是真愛，並沈醉其中，稱為「＊**羅密歐與茱麗葉效應**」。**兩人的關係天地不容、前路布滿荊棘，感情在苦悶與興奮之間風雨飄搖，這種情況很容易讓人覺得正是戀愛的時機**。

不少女性在體驗過這種轟轟烈烈的愛情之後，就覺得平穩的戀愛淡而無味，想追求新的刺激，於是不斷陷入婚外情。

不斷偷情的原因

多數婚外情不會帶來好結果，通常是以分手告終。但即使如此，有婚外情經驗的女性往往

＊**羅密歐與茱麗葉效應**　「阻礙愈多就愛得愈深」的心理，典故來自莎士比亞名劇。劇中，男女主角分屬敵對的家庭，在家人阻撓之下，兩人更加難捨難分。

仍會繼續偷情。她們為什麼要重複這種沒有結果的事呢？

有時，人會**不自覺地重複過去人際關係或感情交流的模式**，稱為「**強迫性重複**」。拜強迫性重複之賜，我們能反覆進行每天既定的習慣；但接二連三的婚外情，可能也是一種強迫性重複。強迫性重複的情況如果太嚴重，便有引起強迫症的可能性。**即使意識層面知道自己不能這樣，但潛意識仍會讓人不斷重複婚外情。**

重複相同戀愛模式的心理

有時，人會在無意識中產生重複做同一件事的衝動。如果不斷做出不好的事，就有必要好好重新審視自己。

總是如此
對方
已經有
太太了
總是如此
跟沒用的
男人交往
總是如此
只會跟對方
吵架
老是做同
一件事的
女性

||

強迫性重複

奧地利心理學家佛洛伊德主張，老是重複同樣的事（例如戀愛關係總是重複同樣結果），是因為過去的記憶或經驗所致。

16

女人渴望性嗎？

面對猴急的男性，如果沒有愛，就不會有性的欲望

女人從性中尋找愛

男女的性心理因為演化差異而有明顯不同。

從*演化心理學**的角度來看，男性為了要多子多孫，所以想跟更多女性發生性行為，無論何時何地都渴望性。

相反地，女性**想留下優秀的遺傳基因**、**安全地生產與育兒**，基於這樣的心理，對性比較謹慎以對；因為她們要鑑別做為性對象的男性是否具有優良基因，性行為之後對自己是否還有感情，能否保護自己、撫養孩子。

因此，男性可憑一時衝動而性交，女性則要得到愛情的保證，才能安心與男性發生關係。

女人從性中尋求彼此接觸

男女對性的期待也大為不同。男性對插入、射精之類性衝動的需求較高，女性則是對互相接觸、調情的需求較高，其中的差異可能是來自荷爾蒙的作用。

性衝動是由男性荷爾蒙——睪固酮引起的，男性的睪固酮比女性多十至二十倍，因此男性的性衝動較強。

女性體內較多的荷爾蒙是「**催產素**」。性高潮時，男女都會釋放催產素，但女性釋放的量

*__演化心理學__　人類心理研究的領域之一，假設人的心理機制也是在演化過程中形成的生物適應（Biological Adaptations）。

有百分之三十之多，男性則在勃起後就急遽減少。催產素又稱「**愛的荷爾蒙**」，在哺乳時會大量分泌，在戀愛、對家人或孩子付出感情時也會分泌，它會帶來溫暖、愉悅的感受。此外，女性的皮膚比男性敏感許多倍，在催產素分泌時被撫觸、擁抱，會令女性心花怒放。女性在性愛中渴望能彼此接觸，撫觸會令她們感到安心。這應該也是荷爾蒙的運作所致。

男女的差異
對性的看法

男女的性愛觀有各種差異，這些分歧會導致誤解，使彼此鬧彆扭。

女性	男性
性行為的理由	
確認愛情	釋放精液
本能	
留下優良基因	散播自己的基因

性慾	
感覺到愛情時會產生	隨時都有

相關荷爾蒙	
催產素 在性興奮時釋出，帶來內心平靜的荷爾蒙。	睪固酮 影響性慾的荷爾蒙。男性的分泌量較多。

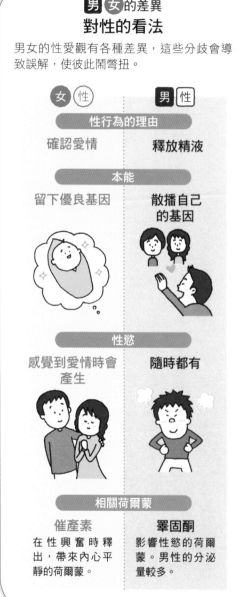

17 女人性慾比男人強？

女人因荷爾蒙量的變化，性慾有時比男人強

女性三十五歲之後性慾超越男性

一般認為女性的性慾比男性低，但近來也有人說，**四十歲之後，女性的性慾比較強**。

人的性慾由腦部下視丘掌管，由男性荷爾蒙的代表——睪固酮及其他各種荷爾蒙刺激下視丘後，產生性慾。

男性的下視丘比女性大，睪固酮的分泌量是女性的十至二十倍，所以比女性有更強烈的性衝動。

不過，性荷爾蒙的分泌量會隨年齡而變化。男性的睪固酮自青春期開始急速增加，三十歲左右就開始減少；因此，男性的性慾也與年齡成比例，在十五歲後達到顛峰，之後即緩慢下降。相對地，女性的睪固酮比男性少，分泌量幾乎不會隨年齡增長而改變。

而且，**女性荷爾蒙自三十五歲後開始減少，睪固酮的活動變得相對占優勢，性慾可能也因此提高**。所以，**女性性慾自三十五歲後開始迎向高峰**，三十五歲到四十五歲時，性慾也超越同年齡的男性。如果光看這段時期，就會覺得女性的性慾變強了。

排卵期時期待性行為

女性**生理期時性慾也會高漲**。生理期的發生，是因為卵巢等分泌雌激素與黃體素這兩種女性荷爾蒙。雌激素在生理期結束時開始增加分泌量，在*排卵期迎向最高峰。**雌激素有增強性慾的功能**，所以，排卵期時性慾會變強，形成容易受精、懷孕的狀態。

總之，女性的性慾並不總是比男性低，而會隨著年齡與不同期間而升高。

男女的差異
性慾與年齡的關係

一般認為男性性慾比女性強。不過女性也有性慾，只是顛峰時期跟男性不同。

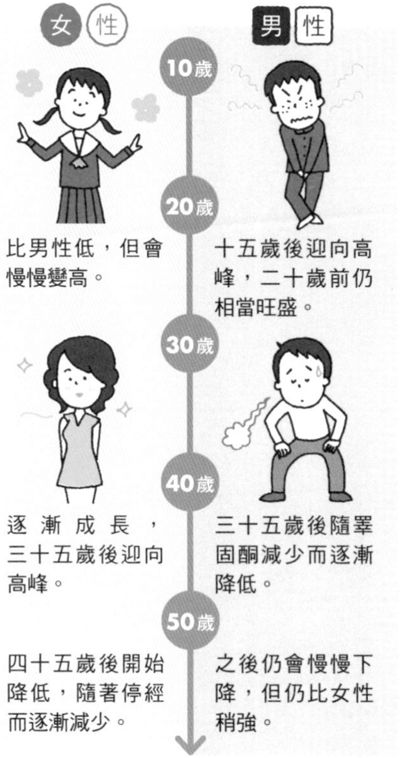
女性
男性
10歲
20歲
比男性低，但會慢慢變高。
十五歲後迎向高峰，二十歲前仍相當旺盛。
30歲
40歲
逐漸成長，三十五歲後迎向高峰。
三十五歲後隨睪固酮減少而逐漸降低。
50歲
四十五歲後開始降低，隨著停經而逐漸減少。
之後仍會慢慢下降，但仍比女性稍強。

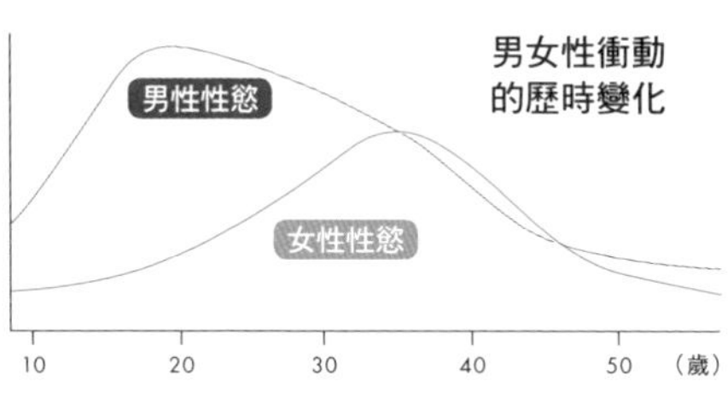
男女性衝動的歷時變化
男性性慾
女性性慾
10
20
30
40
50
(歲)

*排卵期　卵子從卵巢經輸卵管排出的期間。月經週期平均二十八天的人，排卵日約在從經期開始起算的第十四天左右。

18 女性果然還是喜歡帥哥？

喜歡帥哥並非基於審美觀，而是為了得到優秀基因

帥哥是健康的保證？

女性選擇男性的標準包括溫柔、有包容力等人品方面的條件，以及經濟能力等等。此外，在意「長相好看」的女性好像也不少。說真的，許多女性會不自覺受帥哥吸引。

「帥哥」的標準因人而異，但主要條件應該是臉部*對稱。人的身體大致上是左右對稱，但某些部分會偏一點，臉部五官大小也有所不同。不過一般來說，**被視為「帥哥」的人，長相都近乎左右對稱**。由此可知，人在不知不覺中，覺得外型對稱的異性比較有魅力。

臉部與身體的對稱與遺傳有關，但也受環境影響。**壓力、疾病、老化等，都可能破壞人體的對稱**。一般來說，對稱的形成相當困難，人類會因受傷、疾病、生活習慣及壓力等，導致臉部與身體的歪斜。也就是說，完美對稱的人，可能並未承受環境中的各種壓力，或是擁有可對抗壓力的堅強免疫力，可說**「對稱」就等於「健康」**。由此看來，女性感受到帥哥的魅力是**基於本能**，因為她們**想獲得生存能力更高的基因**。從演化心理學來看，這是潛意識的需求。

帥哥優勢來自意外的效果

＊**對稱**　在美術等領域，主要指左右對稱的形式美。一般認為美麗的臉孔，左右都相當對稱。

帥哥若有缺點，往往都會被原諒。大家會說「他長得那麼帥，其實是天然呆」、「他看起來很酷，但其實是個愛撒嬌的孩子」。一般人天然呆或愛撒嬌，並無任何魅力可言，但這些特質在帥哥身上，卻能使別人包容他們，這是

「**反差**」所帶來的效果。同一人身上有兩種反差的要素，會讓人覺得他是多面向、有深度的人；如果他的這一面只有自己知道，則會加深兩人的親密感。

對稱的檢查要點

完美對稱的男性被認為擁有優秀基因。不過，除了天生的因素之外，生活習慣也會導致不對稱。

臉部

- **眼睛的大小、高度**
- **下巴歪斜**
- **眉毛的形狀、高度 等等**

人可能因日常習慣而引起歪斜，如單側托腮、習慣用同一側的臼齒咀嚼等。

肩

- **肩膀高度**
- **手臂長度**
- **駝背、骨盆前傾 等等**

老是包包揹同一邊，或肩膀僵硬等因素，都有可能改變肩膀高度與手臂長度。

腿部

- **腿的長度**
- **鞋底磨損方向 等等**

經常蹺腳、側身坐、走路的習慣不良等，都可能導致身體歪斜、破壞左右對稱。

column 2

女性難以抗拒的男性類型

溫柔、有男子氣概、幽默……。能抓住女人心的男性是哪種類型呢？女性心理錯綜複雜，所以有各式各樣的模式。

TYPE 1

對反差難以抗拒

「意外性」令人怦然心動

「外表輕佻，看似不務正業，但可委託重要任務的人」「本以為是冷淡的人，但跟他聊過後，才知道他喜歡動物，看到他溫柔的一面」。

上述的「反差」改變了原本的印象，讓人覺得：「很意外地，原來他是個好人！」這會使女性**情緒高揚**、**興奮不已**。尤其負面情緒轉為正面時，原本就存在的好感又大幅增加，再加上那一面只有自己看到，這種「稀少性」又使好感倍增。

反差對好感的效果

外表與說話方式看起來輕薄、不可信任。

看見他工作的樣子後，知道他可靠又有責任感。

2 TYPE

對細心難以抗拒

關鍵是「對小事也認真」

讓女性真心高興的事，有多少男性能全盤掌握？女性的要求未必很多，不過，能想到「某些事」，就會讓女性滿心喜悅。「細心男」就能掌握這些事。

定期打電話、寫信，對女性的意見發表合宜的感想，記得女性的好惡，這些多數男性認為的「小事」、「麻煩事」，細心男卻能應付自如。

女性的**親和需求**（▶P47）與**尊重需求**（▶P160）強烈，會希望他人「不忘記自己的事」「不漠視自己」，從中尋求安心感。即使是瑣碎的事，若能讓她安心，她就會萌生好感，「想跟那個人在一起」。

細心男的行動模式

一定會發表感想

對女性的言論或疑問一定會發表自己的感想，比如「很有趣呢！」。

不會忘記「紀念日」

絕對不會忘記對女性而言重要的日子，如生日、交往紀念日、結婚紀念日等，甚至會記在備忘錄上。

定期聯絡

勤於聯絡是非常重要的。就算只是問候：「你好嗎？」「很忙嗎？」女性就心滿意足了。

3 TYPE

對霸氣難以抗拒

霸氣也需要技巧

死纏爛打的男性固然令人厭煩，但依據**單純曝光原理**（➤P167），愈常接近，愈會讓對方在意。**一再接觸會令人產生好感，也是因為印象加深的緣故**。

此外，「**以退為進法**」的心理效果也很有用，亦即先提出一個對方不太可能接受的離譜要求，再逐步提出第二個比較合理的要求。人在拒絕他人請託時會產生罪惡感，若對方第二次的要求不像第一次那麼令人抗拒，就有可能答應第二個要求。

不少女性**期待「能拉著我、牽引我前行的男性」**。男性就算稍微強硬一點，但有技巧地引誘，還是可能打動女性的心。

帶點霸氣的引誘，對方遲早會說YES！

跟我交往吧
NO!
那麼，兩人一起出去吧
NO!
至少告訴我電話號碼吧
...YES

第一步，冷不防提出交往的離譜要求。

接下來提出稍微讓步、較不誇張的要求。

因為已經拒絕兩次，女性不好再拒絕，心想：「不如就給他電話號碼吧！」

第3章

執著外表的女性心理

1 無論何時都要漂漂亮亮

對外表過度在意，可能演變成精神官能症

與男性心理密切相關

女性總是希望能青春永駐。據說古代埃及豔后用黃金線埋在臉頰上，楊貴妃喝珍珠粉養顏美容。而現代女性追求*抗老（Anti-Aging），不惜花費大筆金錢在美容沙龍、營養補充品上，因為「美麗」就是「青春活力、晶瑩剔透」。那麼，為何女性對追求年輕如此堅持？

這與男性的心理息息相關。男性有留下自己後代與基因的本能，**希望尋找多產的女性**，而**生育能力的指標就是「年輕」**。

一般女性的生育能力從二十多歲起持續下降，五十多歲已將近停經，生育機率幾乎是零。男性本能上希望能提高留下後代的機率，**通常會選年輕女性為伴侶**；而女性為了讓男性選擇自己，所以希望能維持美貌。

對青春年代太過美化

有些女性年輕時是眾多男性的目光焦點，對她們來說，年齡增長是相當大的精神打擊。**人愈想回憶起過去的事，腦部對那些記憶就愈深刻**。**回味美好的記憶，這件事本身就會帶來愉悅的感受**。此外，**美麗的回憶有隨年齡增長而美化的傾向**。平時追憶往事，想著：「當年如

＊**抗老**　控制因年齡增長而引起的老化原因，預防、改善老化。

花似玉的我多麼美好啊！」對照今天「現實的我」，其間的差距往往令人煩悶氣惱。

再加上，若因容顏的變化而受周遭輕視，覺得自己被否定，才會為了逃避「年老」這個自然現象，拚命追求年輕。這種女性心理稱為「**老女優症候群**」。

年齡增長絕對不是「壞事」。飽經世故的豐富內在，才能真正讓人光彩奪目，不是嗎？

老女優症候群

女性都希望永保青春美麗。但每個人都會老，如果頑強抗拒變老，連心都會生病。

年輕時是美女，受到眾星拱月般的對待。

↓

隨著年華老去，自然失去花容月貌。

↓

因重視外表而保養自己，不認老。

↓

有些人因過度怕老而導致憂鬱，甚至酒精、藥物上癮。

自認除了外表以外一無是處。「老」奪去了這項唯一優點，所以對「老」懷有異常的恐懼心理。

2 不斷整形的女性

認定自己很醜

有人因「不想被看見」而繭居

人對自己的外表多少有些自卑感。

尤其從青春期、青年期開始，人對外表就愈來愈在意，總煩惱自己「鼻子太低」「眼睛太小」，即使周遭的人都不認為有這些問題。不過在面對工作或課業的時候，大部分人都會忘了這些事。

但也有人堅持自己很醜，一刻都忘不了，造成日常生活的障礙，這種情況稱為「*醜陋恐懼症」（Body dysmorphic disorder；BDD）。這些人可能會**不停照鏡子檢查自己的外表，或因「自己很醜」的強迫觀念**（Obsessive Idea），**反而不敢照鏡子**。

這些人不只認為自己的臉醜，還認為自己的頭髮、手腳、全身上下無一不醜。為了不讓人看見自己的容貌，外出時都會戴口罩、墨鏡、手套等遮掩自己。有不少案例對於在人前出現感到恐懼，因而成為「**繭居族**」；有些人則是不斷整形，只整一次覺得不夠客觀，於是反覆整形，沒有滿意的一天。

自我評價極端低落者容易如此

「醜陋恐懼症」大部分是從開始在意異性的

＊**醜陋恐懼症**　極端在意自己身體或臉部的美醜，連日常生活都過不下去。原因在於自我形象比實際上低太多。

年齡，即十五到二十歲時開始發病。**完美主義者、自我評價極端低落者、曾因外表而遭霸凌者**容易有這種傾向。如果進入過度執著的妄想狀態，已經是非常嚴重的情況，有些案例會被診斷為*思覺失調症（Schizophrenia），也有人會併發憂鬱症。大部分當事人不認為自己生病，所以，如果周遭許多人指出你對外表太過自卑，最好盡快找專業精神科醫師諮詢。去美容整形，或到皮膚科改變外表的某些部分，絕非根本解決之道。

醜陋恐懼症

認定自己很醜，到達妨礙日常生活的地步，稱為醜陋恐懼症。對全身上下都非常挑剔。

頭髮

十分在意頭髮的捲度、髮質粗細等。常改變髮型，但總是感到不滿意。

臉

在意的地方特別多，包括眼睛、鼻子、下巴等，對毛細管擴張造成臉發紅也耿耿於懷。

腿

腿的粗細當然在乎，也很介意腿型，如O型腿、X型腿等。

胸

許多女性感到自卑的部位。也有人三番五次做豐胸手術。

全身的脂肪

特別介意下半身的脂肪，也有人接二連三上高價美容沙龍。

情況嚴重者

連在家也戴
墨鏡、口罩
繭居
整形再多次
也不滿意

深陷在「自己很醜」的強迫觀念中，連日常生活都過不下去，也有演變成憂鬱症的案例。

＊**思覺失調症**　一種精神疾患，特徵是有幻覺、幻聽、幻想等症狀，妨礙一般日常生活的各種障礙也會隨之發生。

3

還要更瘦

以瘦身提高自我形象

缺乏自信時就想瘦身

很多女性想要變瘦，但其中有些人實際上已非常苗條，在別人眼中根本沒有減肥的必要。為何女性這麼想變瘦呢？

當然，最直接的理由是嫌身材不夠好，所以「想變漂亮」，或覺得「瘦一點可以穿得比較時尚」。此外，**自我形象（對自我的印象）愈低的人**，愈有「想瘦」的傾向。

在家庭或職場溝通不良、與戀人分手或工作壓力大時，自我形象會比較低。此時會產生「*負面的自我形象」（Negative Self-Image），認為自己很沒用，「瘦下來才會討人喜歡」「瘦了才會有自信」。於是，他們便懷著「**變瘦=解決問題**」的錯覺，開始減肥。

太瘦可能導致死亡

減肥並不是壞事。太胖容易引起生活習慣病，有必要在專家指導下適當減重。

問題是，極端的減肥方式會引起許多後遺症，「**進食障礙**」（Eating Disorder；ED）就是其中之一。進食障礙大略可分為「**暴食症**」（Binge-eating Disorder；BED，又名**神經性貪食症**〔Bulimia Nervosa；BN〕）與「**厭食症**」

＊**負面的自我形象**　對自己保持負面的印象、自己把自己打造成「很沒用」的形象。自我形象可由自己改變。

（Anorexia，又名**神經性厭食症**〔〔Anorexia Nervosa ；AN〕）。

暴食症是一種精神疾患，患者為避免肥胖，會大量進食後再吐出來，或濫用瀉藥排泄出食物。若反覆如此，會對心臟造成不良影響。厭食症則是堅持自己太胖，因而拒絕進食的精神疾患。如果置之不理，也有因此餓死的案例。有些人只是不經意開始減肥，卻導致最嚴重的後果。

小心進食障礙

飲食對人類生存是非常重要的行為，進食障礙患者卻疏忽了這件事，可見這是非常可怕的精神疾病。

厭食症

認定自己太胖
極端克制進食量
明明想吃卻
無法吞下食物

暴食症

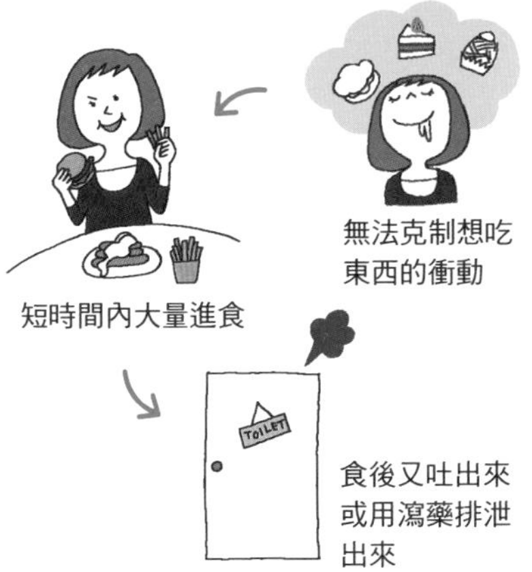
無法克制想吃
東西的衝動
短時間內大量進食
TOILET
食後又吐出來
或用瀉藥排泄
出來

4

不化妝就不敢出門!?

公眾自我意識高的人才會花心思化妝

愈在意他人眼光的人，愈愛化妝

化妝是女性的日常習慣之一。有些人總是保持完美妝容，絕不讓人看到自己素顏的樣子。人化妝到底是基於什麼心理呢？

意識到他人如何觀看自己，稱為「**公眾自我意識**」（Public Self-consciousness）。公眾自我意識愈高的人，化妝愈有精雕細琢的傾向。因為在意他人如何看待自己，所以更在乎自己想在他人面前呈現出什麼樣子。這種行為稱為「**自我呈現**」（Self-presentation），指在人前操作自己給他人的印象。美國心理學家馬克・利瑞（Mark R. Leary）認為，**自我呈現需要動機與自信**。化妝、髮型、服裝可說都是自我呈現的重要工具，如果外表給人更好的印象，就有可能使自己的評價提高。所以，不化妝就不敢出門的女性，可能是公眾自我意識強烈的關係。

相反地，對化妝滿不在乎，在人前近乎素顏也無所謂的人，則是「**私密自我意識**」（Private Self-consciousness）較強，認為比起他人如何看待自己，自己的想法更重要。

化妝能使內在變美？

化妝不只影響外表，也影響內心。化妝能讓

人產生自信、精神煥發、更加積極。

他人對你的外表有所反應，你接收到該反應後，就會對自己的外表有更多認識。別人若說你「好看、高尚、漂亮」，你就會想修飾外表、舉止動作，甚至用字遣詞，以變得更高尚漂亮。這就是「*自我實現預言」（Sef-fulfilling Prophecy）的過程，也就是成為更理想自己的一種過程。

自我意識的認識

美國心理學家艾倫·費尼格斯坦（Allan Fenigstein）將自我意識分為兩種模式。

公眾自我意識

- 在意他人如何看待自己
- 在乎自己的外表
- 留心自己在人前的言行

對他人看得見的部分之意識。在意他人眼光的人，傾向由他人觀點來看自己。

私密自我意識

- 對自己的事考慮較多
- 常自我反省
- 對自己心情的變化十分敏感

對只有自己知道的部分（例如自己的情緒）的意識。經常面對自己的心，思考自己的想法。

***自我實現預言**　採取符合自己預言或期待的行為，因此得到自己所預言或期待的結果。

5

費心化眼妝的理由

男性被大眼睛凝視時，會覺得對方對自己有興趣

吸引男性的大眼睛

所有女性雜誌都會製作提高「眼神魅力」的特輯，教讀者使眼睛變大的化妝方法。

女性總是挖空心思，千方百計使眼睛看起來大一點。女性會這麼做，跟男性的喜好有關。

男性總是對大眼睛的女性動心，表示眼睛是吸引異性的一大重點。所以女性才會費盡心機，希望擁有一雙迷人的明眸。

那麼，為何大眼女性會受歡迎呢？這可能跟**瞳孔***放大與縮小的生理反應**有關。

遇到感興趣的事時，瞳孔會放大

一般來說，人的瞳孔會因光量而起反應。瞳孔負責調整進入眼睛的光量，所以在暗處會放大，在亮處會縮小。不過，依據美國心理學家艾克哈德·赫斯（Eckhard H. Hess）的實驗，人在看到感興趣的事物時，瞳孔會放大。

赫斯讓男女受試者觀看「嬰兒」、「嬰兒與母親」、「男性裸體」、「女性裸體」、「風景」的照片，測量觀看時瞳孔的大小。結果發現，男女都是在觀看異性裸體照片時瞳孔放大，比平時放大約百分之二十。

＊**瞳孔**　位於眼珠中心、眼球虹膜正中央的原型小孔。在光線進入之處調節光量。

人體在興奮時會分泌腎上腺素（Adrenaline），**刺激交感神經**，使瞳孔張開。因此，人在**遇到喜歡、感興趣的事物時瞳孔會變大**。

女性在感興趣的男性面前，瞳孔也會放大，眼睛閃閃發亮；這是向對方發出「我對你有興趣」的訊號。男性察覺到之後，不但不會感到不悅，反而會認為對自己有好感的女性相當有魅力。眼睛大的女性，張開的瞳孔也是大的，或許就是這樣才會吸引人吧！

瞳孔放大是有好感的訊號？

眼睛大的人為何會受歡迎？我用美國心理學家赫斯的理由為大家說明。

**人看到感興趣的事物時
瞳孔會放大**

人興奮的時候，交感神經會開始活躍。交感神經使瞳孔張大，好把對方看得更清楚。

眼睛大的人

黑眼珠明顯，瞳孔看起來也會比較大，看到這樣的眼睛，會產生「對方對自己有好感」的印象。

眼睛小的人

難以分辨瞳孔是否張開，所以很難讓人覺得他對自己有好感。

6

為何想要豐胸

想留下優秀後代！大胸部是讓條件好的男性看上自己的武器！

男性喜歡年輕、有彈性的胸部？

多數女性想要減肥，嚮往纖細窈窕的身材，但胸部則另當別論。市面充斥各種豐胸的資訊與商品，如豐胸內衣、豐胸霜、按摩法或營養補充品，顯示出女性對豐胸的高度興趣。

男性對女性的胸部也興致勃勃，感興趣的程度恐怕還高過女性。以男性為目標讀者的寫真偶像雜誌，封面人物總是穿著強調胸部的泳裝。被譽為「永遠的*性感象徵」的瑪麗蓮夢露，胸前也是波濤洶湧。

不過，光豐滿是不夠的。男性還**喜歡有彈性、高聳的健康胸部**，因為這是**年輕的象徵**，而**年輕是生育能力強的指標**。男性有留下自己後代與基因的本能，看起來**容易懷孕、生子的女性才會吸引男性**。

男性對豐滿胸部的喜好，應該是受嬰兒時期的記憶影響。自己還是嬰兒時，母親的乳房供應母乳，讓自己安心的感覺深埋在記憶中，因此對豐滿的胸部念念不忘。

每個時代的女性都追求美胸

女性也希望自己看起來年輕、青春永駐；再加上想**留下優秀後代的動物性本能，希望能讓**

＊**性感象徵**　因為有性吸引力而大受歡迎的人物，是異性的夢中情人。美國女演員瑪麗蓮夢露是其中的標竿。

條件更優秀的男性選擇自己，所以也想要有男性欣賞的高挺、有彈性的胸部。女性對豐胸、美胸的執著並非始於現代，文藝復興時期女性穿低胸的衣服，上層階級女性因為怕胸部下垂，雇用乳母代替自己授乳。

無論任何時代，豐胸都是女性念茲在茲的大事之一。

吸引男性的女性身體

豐胸細腰。男性覺得曲線曼妙的女體很有魅力，許多女性也想要有這樣的身材。

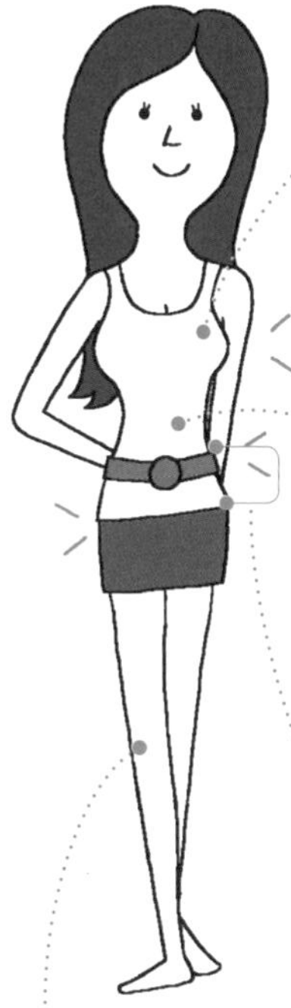

胸部

胸部要豐滿、有彈性。挺立的胸部讓人感覺到健康的生命力。

腰部

纖細蜂腰是女性荷爾蒙活躍的證明，也是顯露女性魅力的部位。

腰臀比例

依據美國心理學家戴凡卓・辛格（Devendra Singh）的調查，理想的腰臀比為0.7。

腿

玲瓏有致的美腿，擁有適當肌力的腿肚與緊實的腳踝。

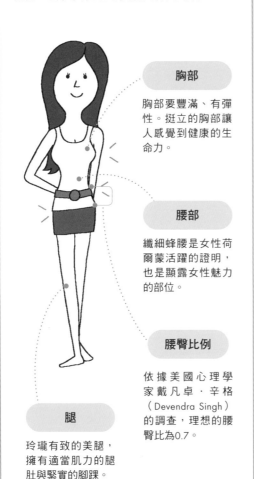

7

「頭髮是女性的生命」

頭髮是表現各種心境的指標

有美麗的頭髮，就有美麗的心!?

《羅馬假期》是奧黛麗赫本的代表作。在這部電影中扮演公主的她，來到羅馬街頭，所做的第一件事就是把長髮剪短。從髮型改變的瞬間開始，公主就變身為普通女子，獨自大口呼吸羅馬的自由空氣。這種情況不只發生在電影裡，現實生活中，也有不少女性會因「心境的變化」而髮型一變再變。

女性非常重視頭髮，花很多心思在髮型的變化上，簡直視髮如命。**髮型的確是給人印象好惡的決定性因素之一**，因此任何面試類書籍，一定會寫「別忘了去剪一個乾淨整齊的髮型」。

實際上，漂亮秀髮具有「**月暈效應**」（Halo Effect，▶▶P 123）。月暈效應指在評價事物時，受正面或負面特徵影響，因而扭曲了對其他部分的評價。例如，明明對某人不熟悉，但她擁有一頭美麗秀髮，你就會覺得「她一定也有一顆美麗的心」。

失戀就剪頭髮是為了保護自己

社會上許多人都有「失戀就去剪頭髮」的觀念，但其實這是一種名為「*防衛機制」（Defence Mechanism）的心理機制。不只失戀，當人有任

＊**防衛機制**　指為了維持內心的穩定，遭遇危機時，不會直接面對當下情緒或經驗的心理反應。

何不如意，產生不安或糾結等心理狀態時，就會想採取某些行動來保護自己的心。也就是說，剪頭髮改變形象，讓失戀後的自己變成另一個不一樣的自己，就是防衛機制的運作。

我們可以用髮型表現出自己想在人前呈現的樣子，因此，髮型也是自我表演的手段之一。頻繁改變髮型的人，有希望受人矚目的傾向。這樣的人**看似積極**，但其實恰恰相反；他們是因為**對自己不滿意，內心不安**，才三番兩次改變髮型。

女性為何講究頭髮

就像對服裝、化妝一樣，女性對頭髮也有放不下的執念。講究頭髮的女性到底是什麼樣的心理呢？

自我認同

對女性而言，頭髮是重要的自我定義之一，也是自我呈現（▸▸P110）的要素。

頭髮美＝人美

沒有受損的閃亮秀髮，看起來年輕健康、乾淨清爽，印象加分。

改變髮型可重新調整自己

爽快地剪去長髮、換個不一樣的髮型，可以轉換心情，讓人期待全新的自己。

因髮型改變而受矚目

女性有喜歡受注意的傾向，如果因髮型改變而引來目光，她們會樂不可支。

8

喜歡香水的女性

女性以氣味喚醒記憶、吸引異性

香水是費洛蒙的代替品!?

對女性而言，**香水也是表現自我的手段**。相較於男性，女性對氣味更敏感，**更擅長用氣味表現自己**。

此外，**氣味可說是吸引異性的工具之一**。大家都知道，動物在誘惑異性時會釋放*費洛蒙，不過，目前在人類身上並未發現費洛蒙。或許因為如此，女性用香水代替費洛蒙，想吸引更多男性，**提高繁衍後代的可能性**。

女性對氣味敏感

女性比男性對氣味感興趣，感覺機能的差異也是原因之一。一般而言，**女性的嗅覺比男性敏銳**。女性因月經週期等因素，在某些時期嗅覺會更加敏感。有研究證實，許多女性在排卵期，對「與成年男性有關的氣味」「令人不快的氣味」的嗅覺感受性會降低，而生理期時對「令人不快的氣味」更敏感。

在氣味接收方面，男女腦部的發展也有差異。人的嗅覺由腦部「嗅覺區」掌管，「嗅覺區」與大腦邊緣系統密切相關。大腦邊緣系統包括

＊**費洛蒙**　由動物的個體釋放，造成同種其他動物個體「特異反應」的化學物質。

掌管記憶的海馬迴、掌管情緒的杏仁核，兩者對嗅覺皆有強烈影響。因此，**氣味容易與某些記憶或當時的情緒連結。女性的大腦邊緣系統比男性發達**，也就是說，**女性在嗅聞氣味時，容易喚醒相關的記憶**。

因此，對女性來說，氣味是帶來愉快或不快感覺的重要原因之一。擦了心愛的香水，或許就能令人心曠神怡、心神安定。

嗅覺的機制

人會因氣味而產生愉快或不快的感覺。嗅覺的機制是如何形成的呢？

腦部結構

嗅覺區

氣味分子送達的區域。氣味分子傳遞至嗅覺區後，才會產生嗅覺。

大腦邊緣系統 海馬迴、杏仁核

由掌管好惡、不安、恐懼等情緒的杏仁核與負責記憶的海馬迴等構成。

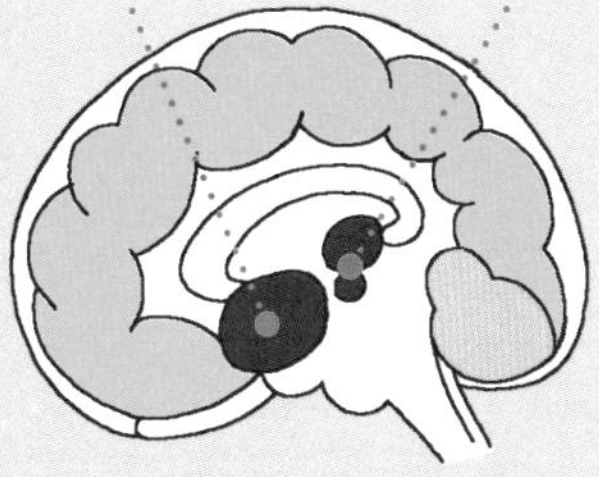

職掌嗅覺的嗅覺區與大腦邊緣系統密切相關。一般來說，女性的大腦邊緣系統比男性發達，所以嗅覺也比較敏銳。此外，女性也擅長將氣味與情緒、記憶結合。

9 減肥老是失敗

減肥失敗的理由：「不吃東西」、「重複相同模式」、「失敗的習慣」

無法達成目標就會產生壓力

追逐新減肥潮流的大都是女性。每當有新的減肥資訊出現，她們就不由得想嘗試。只不過，多數人不管用什麼方法都無法持之以恆、老是失敗、復胖……。為什麼會這樣呢？

建立目標後，為達成目標而努力，稱為「**自我實現**」。減肥也一樣，訂定目標後，就該在某些方面自我克制，為自我實現而努力。但如果目標太遙不可及，自我克制就成了壓力，以致無法持續努力。

什麼樣的目標會讓人有壓力呢？飲食控制與單一食物減肥法都有可能。人在吃東西的時候，腦部會分泌多巴胺，這是一種能緩和壓力的荷爾蒙。**飲食不均衡會使多巴胺的分泌減少，導致壓力的累積。**

相同模式的減肥法容易令人厭倦

人類具有「**調適**」能力，能讓自己適應既定環境。但如果達到完全順應的程度，環境的刺激將會降低，容易令人心生煩膩，這種現象稱為「**心理飽和**」。若重複相同模式的減肥法，例如老是做同一種運動，就會**受到心理飽和的影響，使原本「想瘦」的熱情逐漸降低，腦部**

＊**習得性無助**　由美國心理學家馬丁・賽利格曼（Martin E. P. Seligman）提出，指曾經努力過，卻無濟於事，因而陷入萎靡不振的狀態。

就會把該運動當做無意義的行為來處理。

此外，若反覆減肥卻徒勞無功，會讓人覺得努力只是白費功夫，便漸漸不再致力減肥，這種狀態稱為「*__習得性無助__」。因為對失敗經驗印象深刻，覺得「反正不會瘦」，也就很難主動採取行動。

女性不斷嘗試新的減肥法，除了易受新鮮事物吸引之外（▶P48），容易產生習得性無助感應該也是原因之一。

減肥成功的動機

人在為某事努力時，動機非常重要。動機大略可分為兩種。

兩種動機	
外在動機（Extrinsic Motivation）	想經由努力而得到報酬或好評。
內在動機（Intrinsic Motivation）	所做的事本身便帶來快樂與充實感。

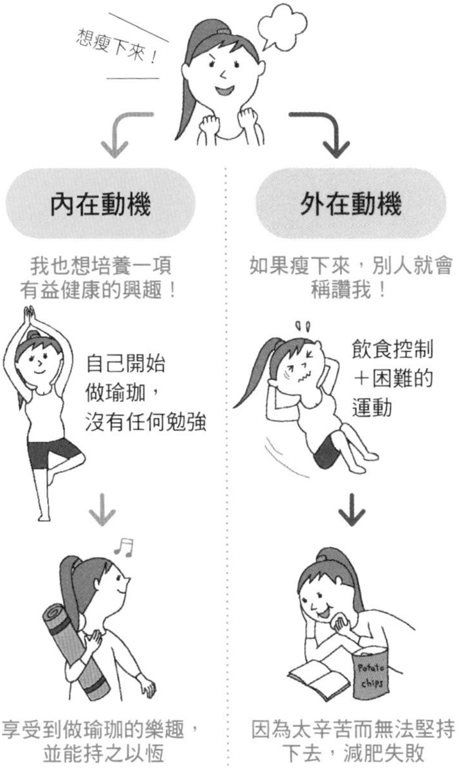
想瘦下來！
內在動機
外在動機
我也想培養一項有益健康的興趣！
如果瘦下來，別人就會稱讚我！
自己開始做瑜珈，沒有任何勉強
飲食控制＋困難的運動
Potato chips
享受到做瑜珈的樂趣，並能持之以恆
因為太辛苦而無法堅持下去，減肥失敗

10

人正真好？

外表好看，成績與能力方面的評價也會提高

美女判刑較輕？

男性對女性的外表相當敏感。與美女擦肩而過時，多數男性都會頻頻回頭。女性的外表對男性有哪些影響呢？

美國心理學家大衛・藍迪（David Landy）與哈羅德・西蓋伊（Harold Sigall）對此進行實驗。他們給男生看女生寫的報告，請男生評分，而報告內容都是相同的。研究者將每份報告附上作者的照片，結果發現，作者照片如果是美女，報告會得到較高分；若是相貌平凡的女性，報告的分數就會比較低。由此可見，**外表的魅力會影響對成績與能力的評價。**

哈羅德・西蓋伊還與南西・歐斯特羅夫（Nancy Ostrove）進行模擬法庭實驗，以學生為受試者，觀察外表對裁決有何影響。

他們請受試者閱讀搶劫案的報導，再請受試者回答犯罪者（女性）適合的刑期。同樣地，研究者也在報導貼上相貌美麗或平庸的女性被告照片。結果發現，受試者判給美貌被告的刑期較短。換言之，這個實驗顯示，人們容易認為**外貌出色者是善良的人**。

男性選擇美女當女友的理由

男性傾向選擇美女當女友。男性因荷爾蒙的影響，競爭心與優越感較強，希望比其他男性占優勢。擁有美麗的女友，也是占優勢的關鍵之一。

根據某心理學實驗，**人們認為有漂亮女友的男性比較有魅力**。這種現象稱為「*月暈效應」，亦即評價他人時，不以當事人本身為標準，而以其他附加事物為依據。

綜上所述，女性外表的影響可說舉足輕重。如果善加利用，女性就能靠外表優勢獲得高於其能力的評價。

跟美女在一起，好感度加分

大家都說「人正真好」，其實不只美女本身吃香，連跟美女走在一起的人也沾光。

美女帶來月暈效應

周遭人看到某男性跟美貌的女性朋友走得很近，或有漂亮女友……

↓

跟美女走在一起，會讓人覺得他是「美女選中的男性」，周遭對該男性的評價也會提升。這是美女所帶來的「月暈效應」。「暈圈」（Halo）就是「背光照射」時的光環。

＊**月暈效應**　因為某些正面（或負面）特徵的影響，使其他方面的評價產生扭曲。

11 希望無論男女都喜歡自己

「受女性歡迎」＝「通過女性的嚴格檢驗」

女性的檢驗較嚴格

女性希望受男性歡迎是理所當然的，但其實女性也希望受同性歡迎。對女性而言，同性如何看待自己是非常重要的事。女性能照顧他人，也能注意到繁縟細節；反過來說，也就是**女性擁有銳利眼光，方方面面都會嚴格檢視。如果能受女性喜愛，就證明了自己通過了嚴格考驗**。女性本身也了解這一點，所以也希望能受同性歡迎。

雖然人品、工作能力也是女性檢視其他女性的重點，但最重要的還是「外表」。無論臉蛋或服裝，只要是跟外表有關的事，女性都會下意識地嚴格審視。**最能激起女性嫉妒心的也是外表。**

男性通常會嫉妒同性的經濟能力或社會地位，對外表沒那麼在意，看到帥哥也不太會嫉妒。但女性嫉妒外表勝過一切，當看到美女或品味出眾的女性，就分外眼紅。女性對高學歷、高收入的同性倒是心存敬意，因為她們不是自己的比較對象，而是不同世界的人，不在同一賽場，無從比較。尤其社會對女性的評價仍偏重身體魅力，所以女性對同性的「美麗」、「年輕」非常敏感。有些女性並非憑工作能力獲得高評價，而是靠外表占便宜，這種人通常不能見容於其他女性。

女性檢驗別人，同時也學習別人

許多女性看到討厭的上司或老鳥女職員，都會提醒自己「小心不要變成那種人」。女性對日常舉止或外表皆以嚴格標準檢視，正因如此，

許多女性把「以人為鏡，可以明得失」視為座右銘，這種現象稱為「*替代性增強」（Vicarious Reinforcement）。女性會將替代性增強有效運用在日常舉止動作、溝通、工作、外表及隨身物品上。

男女的差異
對競爭對手「最」嫉妒的地方

每個人都會嫉妒競爭對手，無論因外表、才能或經驗。不過，「最」能燃起妒火的地方，男女並不相同。

女性

美貌　年輕　性感

除了女人味、性情之外，最能激起女性妒意的就是外表的美麗與年輕。看到美女或年輕女孩，就會醋意大發，做出這樣的評論：「雖然她是美了點兒，但是……」、「不能因為年輕，就……」。

男性

經濟能力　才能　社會地位

男性最嫉妒競爭對手之處是經濟能力與社會地位，尤其對學歷、收入、社會成就比自己高的人有強烈妒意。

***替代性增強**　美國心理學家亞伯特・班度拉（Albert Bandura）提出的概念。指雖未經他人直接教導，但只要觀察他人的行為（替代性），自己就會想做出相同行為。

TOPIC

知面就知心

溝通不只經由語言。
不如說，有時非語言的姿勢、表情等，更能傳達出人的真心。
試著仔細觀察無心的動作，就能讀出對方的心裡話。

語言之外的訊息也很重要

人的情緒與隱藏的心理，可以用語言之外的訊息解讀。姿勢、表情等「**非語言溝通**」（Nonverbal Communication），比語言更能影響對人的印象。

哪些因素會影響印象？

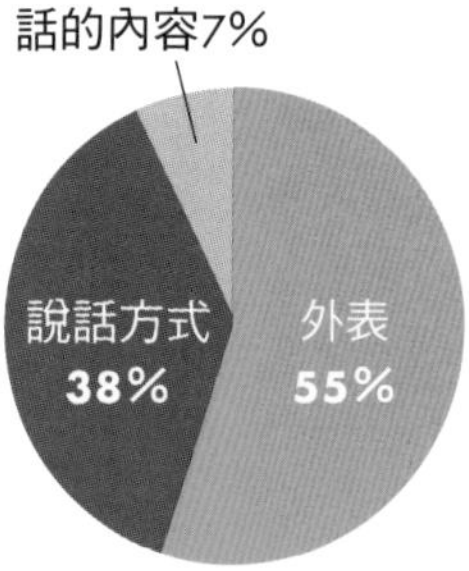
話的內容7%
說話方式
38%
外表
55%

麥拉賓法則

美國心理學家亞伯特・麥拉賓（Albert Mehrabian）主張，人的印象幾乎都是由外表、動作等視覺訊息決定。

自我呈現
包包或裝飾品等隨身物品，都會在別人心中留下印象。
肢體語言
姿勢、表情、視線、手勢等等。
非語言溝通
個人空間
他人接近時感到愉快與否的距離。
副語言
聲音大小、語調、說話方式等跟語言同時出現的動作或態度。

哪些表情可以看出真心話？

人在試圖溝通時，會有意識地使用語言，
也會無意識地使用表情、動作等非語言溝通。
無論多麼想隱藏情緒，表情仍會透露潛意識裡的訊息。

重點❶

臉部動作

皺眉肌

眼周肌肉的一部分，有使眉頭皺起的作用，感到嫌惡時會收縮。

顴肌

臉頰周圍的肌肉。顴大肌能使嘴角上揚，好感出現時會活動。

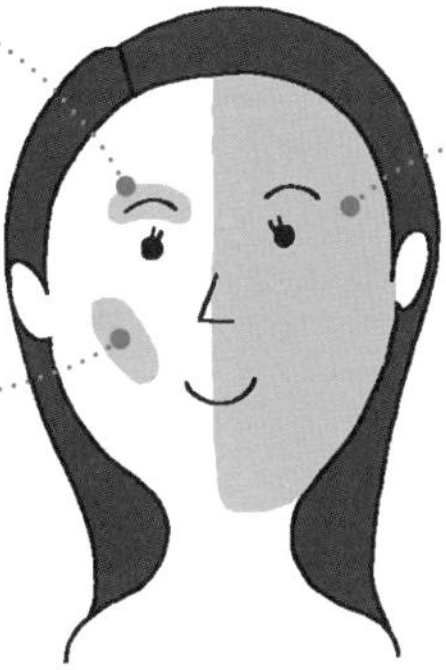

從左臉了解真心

人的右腦負責五感的感受性與知覺，而右腦的影響會出現在左臉，因此表現真正心情的表情會出現在臉的左半部。左腦掌管語言與邏輯思考，右臉受左腦影響，表情會比較客套。

重點❷

眼睛的動向

視線朝左上移動

回想過去的經驗或行經的場所。

視線朝右上移動

說謊或想像目前尚未體驗過的事。

視線朝左下移動

想像音樂、聲音等與聽覺有關的意象。

視線朝右下移動

想像肉體上的痛苦等有關身體的意象。

※左撇子可能恰恰相反。

1

從臉部五官看心理

據說人的性格會表現在臉上。無論美醜，我們都可從臉部五官、表情肌的運作等看出對方是什麼樣的人。臉部給人的印象至關重要，我們可從臉上解讀出隱藏的訊息。

眼睛

小眼睛

做事謹慎小心，可能因此錯過良機。嫉妒心重。

大眼睛

積極、有行動力。好奇心旺盛，有時顯得孩子氣。責任感強，相當適合當領導人。

鼻子

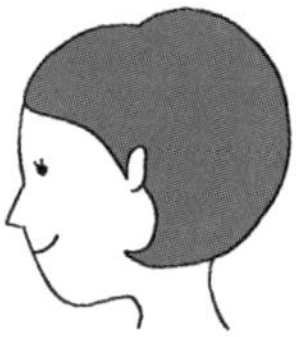

鼻梁低

具協調性，容易任人擺佈；從另一個角度看，就是比較不會惹人厭。也有人能善加利用這個特性。

鼻梁高

自尊心強、自我主張強烈。有時會引起對立，但也容易成為社會上的活躍人物。

嘴

小嘴

稍嫌消極，遇到困難往往很快放棄。與其當領導人，不如當支援者。

大嘴

活潑、有行動力、開朗。感情脆弱，容易受煽動與誘惑，有時容易受騙。

臉型

方臉

自尊心強、百折不撓。做事努力，個性頑固，聽不進周遭的意見，但也有溫柔的一面。

倒三角形臉

腦筋轉得快、想像力豐富、有美感，但容易因小事陷入恐慌。

圓臉

個性開朗、擅長社交、人緣佳。不拘小節、心胸開闊，不太考慮未來的事。

memo

分辨假笑

我們可從笑容的「開始」「結束」與「持續」這三個時間點，分辨對方是不是假笑。如果是真心的笑，笑意會先從嘴巴展露，然後蔓延至眼睛；若是嘴與眼同時展現笑容，就帶有「不得不笑」的勉強意味。此外，笑容若是瞬間消失，未留餘韻，時間點讓人感到錯愕，也是假笑的一大特徵。

真心的笑

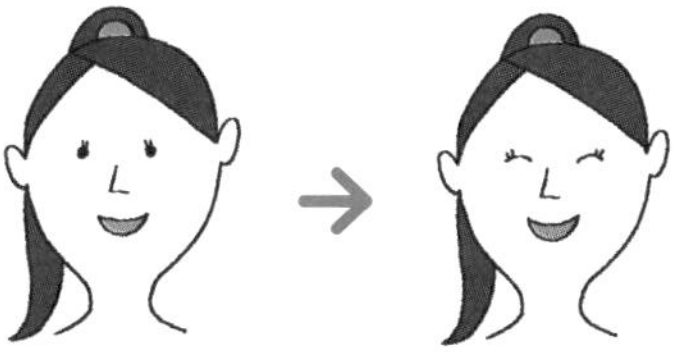

嘴巴先笑　→　眼睛跟著笑

假笑

眼睛與嘴巴同時笑　｜　笑容突然消失　｜　長久維持相同表情

2

從動作看心理

「眼睛會說話」，視線動向可表達出相當的情緒。此外，手勢、動作等也會在不知不覺間顯露出對他人的好惡。

看眼睛便知

眼睛滴溜溜地轉

▶感到不安

沒自信與內心忐忑不安的時候，眼珠會轉個不停。

凝視

▶表示好感

眼睛離不開感興趣的事物。尤其是仰視，好感度已接近愛情。

頻繁眨眼

▶緊張

眨眼次數愈多，表示愈緊張。慢慢眨眼則有反對、否定的意思。

說話時迴避對方視線

▶缺乏自信

因為緊張而無法直視對方的眼睛。若是在談話中途避開視線，則是某種拒絕的訊號。

眼神一交會就避開

▶證明對方正在看你

因為在意對方，不知不覺就朝對方看，結果眼神一交會就急忙閃避。

看腳便知

膝蓋以下呈八字形

▶積極的行動派

上進心強，想更上一層樓。對工作、戀愛都野心勃勃。

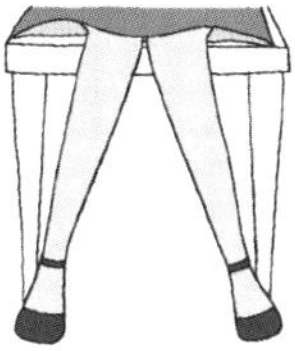

腳踝交叉

▶夢想派

愛幻想、浪漫，內心有孩子氣的一面。

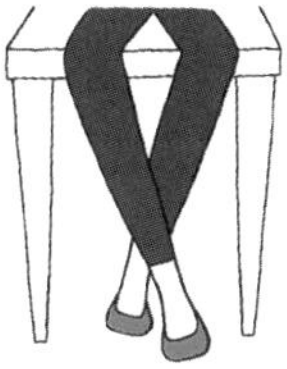

雙腿斜放

▶自尊心強、充滿自信型

自信滿滿，尤其喜歡聽別人讚美他的外貌或品味。

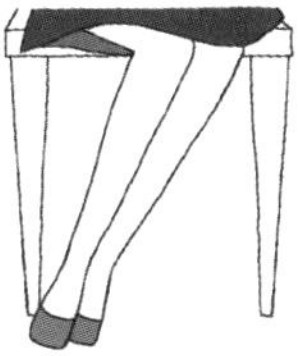

膝蓋張開

▶不拘小節型

因為放鬆而缺乏警戒心。男女關係開放。

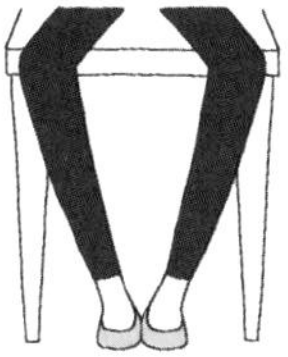

memo

腳尖表現好感？

你是否看過對方雖然笑容滿面，但腳尖朝著離開的方向？其實這是「想早點回去」的訊號。一般來說，腳尖的方向顯示對對方是否有好感或興趣。

鞋子掛在腳尖晃來晃去

▶男女關係不檢點

心理學中，鞋子是「性」的象徵。把鞋子脫下一半，表示此人生性放蕩、貞操觀念淡薄。

不停換邊蹺腳

▶有所不滿

不耐煩、不滿現狀、欲求不滿的表現。

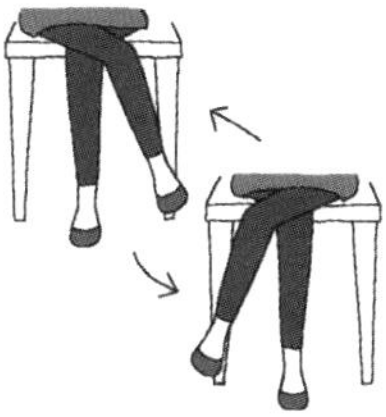

看手便知

托腮

▶希望得到療癒

是一種自我親密行為（⏩P47）。想藉此動作消除不滿或不安。

用手觸摸嘴角

▶想依賴對方

用手觸碰嘴是內心幼稚的證據，表示想撒嬌、依賴對方。

頻繁的身體接觸

想跟你更親近

▶跟男性相比，女性有身體接觸較多的傾向。身體的距離與心理距離成比例。

不停撥弄頭髮

覺得無聊

▶用手指纏繞頭髮、找分岔等動作，是覺得無聊的表現。也是一種自我親密行為（⏩P47）。

揉眼睛或鼻子

緊張

▶心中有愧或想用謊言來搪塞某事時，就會因為緊張而出現這樣的動作。

觸摸頭頂

想撒嬌

▶忘不了小時候被摸頭的安心感覺，於是自己做出這個動作。

手不停擺動

▶深思熟慮中

表面看起來心浮氣躁，但其實正全心動腦思考。

雙手在身體前交握

▶拒絕

雙手使勁握在一起，通常表示正在壓抑憤怒、拒絕等不快情緒。

說話時手藏在背後

▶警戒

把手放在背後或口袋裡，是不想讓他人察覺到自己的情緒。

手心朝上平放

▶敞開心房

放鬆的姿勢。日本諺語「讓人看見手心」就是「說出內心想法」的意思，表示對對方懷有親密的感情。

memo

世界各地手勢的不同意義

語言不通時，手勢是傳達心情的有效方式。不過，世界各地的手勢不見得有共通意義。

豎小指代表什麼？

泰國
朋友、友情
日本
女性、戀人
中國
無聊的事
美國
軟弱的男人
香港
貧窮
印度
想上廁所

看行動便知

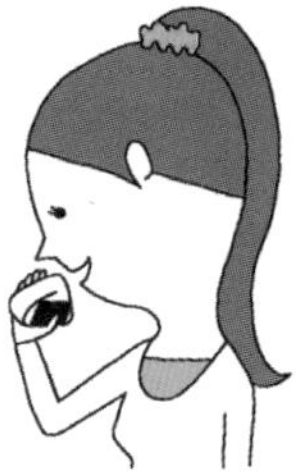

吃東西前先確認食物

▶個性執著

食物入口前先確認「這確實是自己的東西」，不到毫無疑問的地步就不能放心。

點餐快速

▶只有業務情感

沒有享受現場氣氛的意思。尤其男女一起去吃飯時，如果火速點完餐，表示沒把對方當異性看。

走在街上，一定會瞧瞧自己映照在櫥窗上的身影

▶缺乏自信

一般認為這是自戀狂的表現，但他們對外表的在意，是想隱藏對外在缺乏自信的一面。

談話時歪頭

▶聊到忘我

跟人談話時點頭如搗蒜、與對方一搭一唱，看起來好像對話題很熱衷，其實歪頭才是專心聆聽的表現。

在男性面前整理服裝儀容

▶沒把對方當異性看

在異性面前滿不在乎地整理儀容，表示不把對方看成戀愛對象。如果對對方有感覺，內心七上八下，不可能出現這種動作。

與對方做同樣的動作、說同樣的話

▶表示有好感

對方把手放在玻璃杯上，你也跟著做，並重複對方說的話，這是與愛慕對象保持同步性（Synchrony）的心理。

memo

從座位了解他人

在會議室、咖啡店或電車上，許多人都有偏好的座位。看似不經意選擇的老位子，其實隱藏著深層心理。

咖啡店

坐在牆邊，表示想盡可能避免跟他人產生關聯。

坐在入口的人屬於行動派，個性急躁。

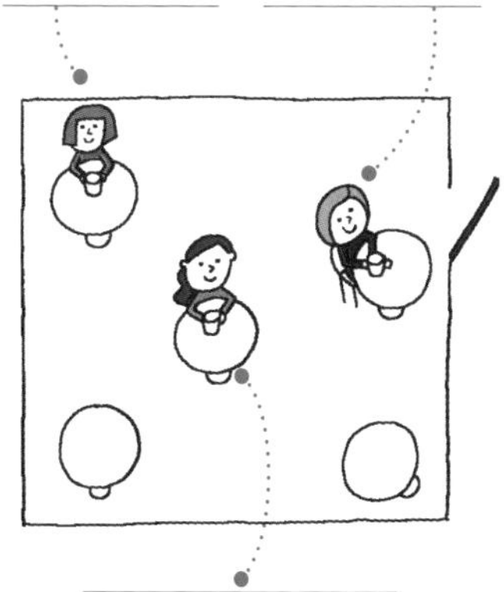

坐在正中央，左右人來人往的位置，表示對他人不感興趣。

會議室

坐在領導者（1）近處，以當上副領導者為目標。

坐在領導者（1）遠處的人，屬於消極的類型。

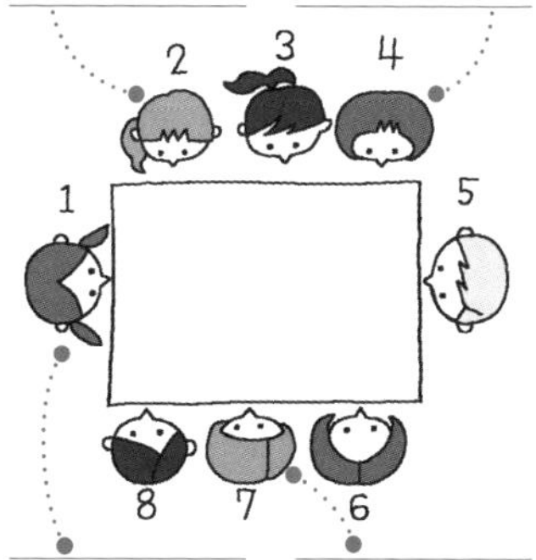

想取得領導權的人。選擇座位較少的方位，是想引人注目。

坐在正中央的人，個性外向，積極參與討論。

3

從髮型看心理

許多女性經常改變髮型，其中有些人是為了改變心情或形象。一般來說，髮型會表現出人的心情或心理狀態。仔細觀察周遭女性的髮型，說不定會看出她們令人意外的內心世界呢！

短髮

積極、堅持自我主張的類型。短髮能清楚露出臉型，可見留短髮的人大都對自己的外表或內在相當有自信，願意讓他人看見自己真實的樣子。

中長髮

不想引人注意，只求無災無難。未必沒有挑戰精神，但不喜歡太劇烈的變化。對外表方面不太有自信。

長髮

雖隨時隨地都要維持女人味，但有顆穩重可靠的心與冷靜的判斷力。留長直髮的人有自尊心強、任性的一面。

厚瀏海或蓋耳朵

厚重的瀏海表示想隱藏情緒，蓋耳朵表示不想接收訊息。屬於避免與周遭產生連結、喜愛孤獨的類型。

4 從化妝看心理

化妝是成為理想中的自己、讓自己有自信的手段。我們可從化妝者對哪個部分特別精雕細琢，看出他內心深處在想什麼。一般而言，妝化得愈濃，表示愈想惹人注目。

眉毛

眉妝有突顯臉部五官的效果，強調眉毛的人屬於性格剛強、堅毅的類型。

眼睛

眼睛是容易表現情緒的部位。強調眼妝的人，屬於自我主張強烈或情緒起伏劇烈的類型。

皮膚

把心思花在保養皮膚上的人，希望以「年輕」、「清爽感」來吸引人。做人正派、又很有正義感。

鼻子

把鼻梁畫得又高又直的人，自尊心強，想獲得社會上的成功，也有不近人情的一面。

嘴唇

嘴唇帶有情慾意象。喜歡畫豐滿厚唇的人是想吸引異性，對自己性感的部分也很有自信。

memo

化妝等於帶面具？

瑞士心理學家卡爾·榮格（Carl Gustav Jung）將人在公共場合表現的人格稱為「人格面具」（Persona）。古典戲劇演員在舞台上使用面具，化妝也被視為跟面具同樣的概念。人在私底下可以自由自在、脂粉不施、不在意他人眼光；但面對公眾時，為了順應公司、學校的人，就必須化妝與修飾儀容。不過這樣一來，化妝就成了人格面具。有些人甚至因為太想維持為順應周遭而精心打造的自己，臉上若沒帶妝就侷促不安。

5 從隨身物品看心理

包包、鞋子、錢包等隨身物品能相當程度地反映出擁有者的喜好，我們可從中一窺其人格。另外，我們也能從一個人喜歡的顏色探究其深層心理。

鞋子

低跟鞋

認真可靠型

人如其鞋，所穿的鞋子能在地面留下堅實腳印，人也多屬於穩重型。因為認真、正派，也有死心眼的一面。

高跟鞋

魅力全開型

高跟鞋可說是女性的特權，愛穿高跟鞋，表示想盡情以自己的存在或女性魅力吸引周遭的人。

長靴

自我防衛型

喜歡長靴的人屬於自我評價低、自我保護的類型，心防很重。

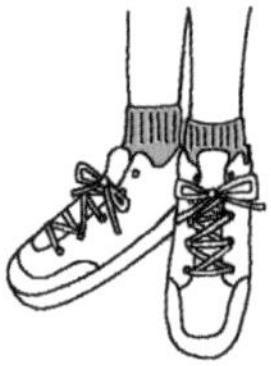

運動鞋

友善型

運動鞋好穿又實用。喜歡運動鞋的人容易親近、我行我素，對戀愛抱持可有可無的態度。

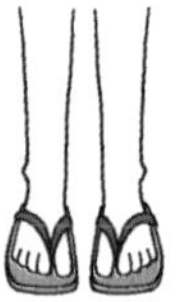

涼鞋

自由自在型

討厭束縛、爽快型的人喜歡沒有後帶、穿脫方便的鞋子，無論是拖鞋還是沙灘涼鞋。

短靴

廣受歡迎型

喜歡踝靴之類短靴的人，屬於開朗、積極的類型，是受眾人擁戴類型的核心人物。

錢包

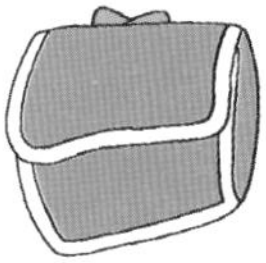

塞滿的錢包

操心型

錢包裡滿滿都是發票、卡證的人大都獨占欲強、愛操煩。

高級錢包

經濟概念紮實型

用高級名牌錢包的人，貌似浪費，但其實能妥善管理金錢。

零錢包

好辯型

不在錢包內放太多錢，盡可能使用零錢的人，屬於好辯、重效率的類型，也有難搞的一面。

錢包中井然有序

私生活嚴謹型

金錢方面能穩當管理自不用說，但連私生活也規規矩矩、控制得宜。對方方面面都有充分的管理意識。

memo

金錢＝愛情？

人對金錢的處理方法，與愛人的方式若合符節。觀察心儀對象的理財方式，就可知道他的感情觀。
珍惜金錢的人，對人也很溫柔；對帳目計算錙銖必較的人，堅持自己必須掌控愛情主導權，否則不善罷干休。人活著不能缺少金錢與愛情，兩者皆至關重要。從處理重要事情的角度來看，可說「金錢的處理方式＝愛情的處理方式」。

包包

很多隔層、
收納口袋的包包

完美主義型

愛用這種包包的人大都有強迫性格，且追求完美。他們將隨身物品收拾得井井有條，若有一絲雜亂，就倍感壓力。

托特包

我行我素型

托特包上方沒有拉鍊，表示使用者性格開放；包包不能關好也無所謂，顯示自我防衛能力低。

攜帶一個以上包包

混亂型

攜帶好幾個包包的人，無法整理自己，心中有太多迷惑，一籌莫展，不知如何是好。

超大包包

操心型

攜帶連旅遊行李都裝得下的超大包包的人，無法消除不安與不滿。因需求未獲滿足，操心、擔憂的事一籮筐。

隨身物品的顏色

瑞士心理學家麥斯・呂舍爾（Max Lüscher）認為「顏色的喜好隱藏心理學的意義」。德國詩人歌德（Johann Wolfgang von Goethe）與瑞士心理學家榮格對此領域也有研究。

黃色
YELLOW

關鍵字是開朗、好奇心、知性。黃色是興奮昂揚、精神飽滿的顏色，會帶來光明與希望。

粉紅色
PINK

關鍵字是豐沛的愛、可愛、浪漫。被視為象徵幸福的顏色。

紅色
RED

關鍵字是熱情、憤怒、反抗心及強韌的生命力。能夠使精神振奮，是活動力的象徵。

紫色
PURPLE

關鍵字是神祕、情色、藝術。是高貴與性感兼具的顏色，也象徵理想主義。

藍色
BLUE

關鍵字是知性、冷靜的判斷力、責任感。吸引希望放鬆與得到療癒的人。

綠色
GREEN

關鍵字是優越感、恆常不變、平衡。象徵忍耐力強、穩健踏實。中立的意象。

金色
GOLD

關鍵字是男性特質、意識。給人開朗、強而有力的印象。象徵自尊心強、有自信。

銀色
SILVER

關鍵字是女性特質、直覺、本能。象徵悠然自得、自由開放。給人帶來坦率、開朗的印象。

黑色
BLACK

關鍵字是拒絕、放棄、斷念。象徵對強者的嚮往、對壓迫感的退縮等。

6 從服裝看心理

服裝是自我表演的重要工具，它能幫助你演出你想在人前呈現的形象。不過，有趣的是，從服裝所看到的形象，未必等於當事人的人格原貌。

流行服裝
跟大家一樣，令人安心自在

跟大家「一起」才會覺得踏實

穿流行服裝的人若跟他人不同，會覺得不安心，這是「跟周遭相比，我落伍了」、「只有自己跟別人不一樣」的心理作祟。也可以說，他們**對他人的依賴心較強**。

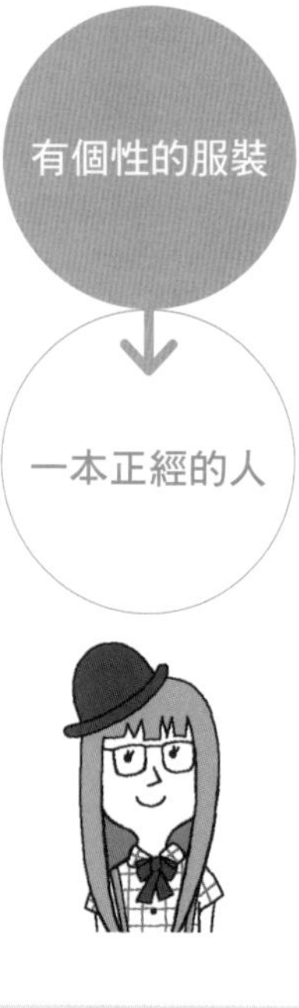

有個性的服裝
一本正經的人

能冷靜掌握自己與周遭

穿得有個性，往往被認為「有自己獨特的世界」，但其實恰恰相反，他們是**一本正經，且對自己與周遭都瞭然於胸的人**。對自己的沒個性感到自卑，才用有個性的服裝彌補不足，藉此把自己與周遭其他人區別開來。

穿上花俏的鎧甲

應該有許多人認為「花俏＝愛出風頭」，不過，愛穿浮誇衣服的人，其實是**想消除因內向所導致的缺乏自信與不安**。

人對自己身體所感覺的形象稱為「**身體形象**」（Body Image），自己在他人眼中創造的形象則稱為「**身體形象界限**」（Body Image Boundary）。服裝能創造身體形象界限。**缺乏自信的人無法清楚區別自己與他人之間形象的界限，便穿上「花俏」的鎧甲，期待能扮演「外向的自己」**。

盡情宣告「我」的存在

細肩帶背心、迷你裙、短褲等服裝，現在已成為標準款。喜歡這種暴露服裝的人是什麼樣的心理呢？

這些人的心理可說與「**身體形象界限**」有關。他們的鎧甲（衣服）遮蔽範圍很小，就是希望別人注意到他們本身所認知的「我」；所以這副隱藏自我的鎧甲，他們並不需要。也就是說，他們的**自尊心與自我都很強烈**，大都不受他人眼光束縛，堅持走自己的路。

就是要原創

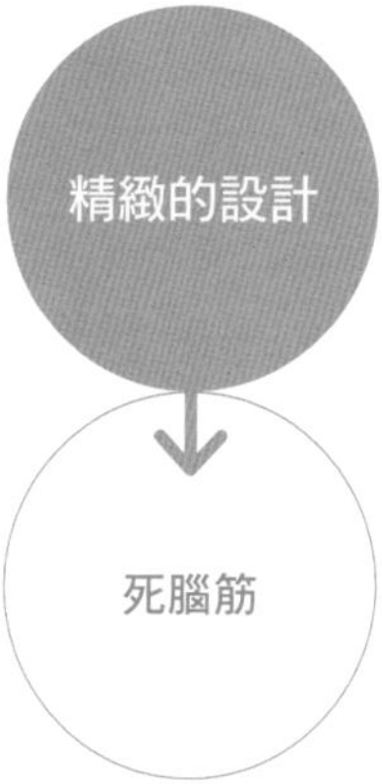

時尚、有設計感的衣服大都是女裝。喜歡充滿原創性設計的人，應該對時尚相當敏銳，但也有**頑固**、**死腦筋**的一面。對於衣服，比起機能性與實用性，他們更重視設計感，穿起來再不方便也無所謂。若你對這方面十分堅持，表示你可能缺乏改變這種想法的彈性。

另一方面，對原創的堅持也表示你是表現力豐富的行動派。

想待在令人安心、穩定平和的世界裡

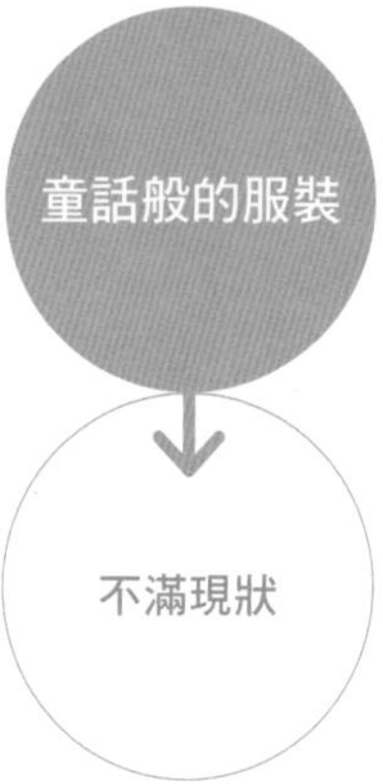

穿上裝飾大量波形折邊與蕾絲的衣服，活脫脫就像童話世界裡的人物。這種風格的服裝又稱「蘿莉塔風」，也就是所謂「**大人穿的少女服**」。

「少女」的世界給人純真、無垢的印象，不像成人世界般紛紛擾擾。穿童話般的衣服，表示心中**想奔向單純的世界**。**對現狀感到厭煩**，**渴望有一個世界能讓自己感覺安心踏實**；待在這樣的地方，心中才會安穩。

想要做更好的自己

若問什麼鞋子最有女人味，非高跟鞋莫屬。風行一時的厚底鞋，也只有女性才會穿。不管這種鞋子多難穿，也非穿不可的女性，到底是什麼樣的心理呢？

她們很可能是**想更上一層樓**。穿上高跟鞋或厚底鞋，不只身高升級，在心情上，似乎也比**以往所認識的自己更進一步**。屬於努力自我磨練、為往上爬而發憤圖強的類型。

有自信，就不需要打扮

穿基本款的人雖不受流行左右，但也不是沒有品味。他們雖然對流行不敏感，看起來低調、樸實無華，但內心大都對服裝有自己的堅持。因為對自己與自己的信念有自信，不依賴服裝做為鎧甲，認為有基本款就夠了。

此外，他們也有**自我主張強烈**、**頑固的一面**。有人或許以為他們很溫和，結果發現他們意外地難以說服，談判時態度強硬，外表與真實性格存在很大的反差。

「深層心理」連自己也難以察覺。我們可從不經意選出的答案看出隱藏的心理，或許能因此發現自己不了解的內心世界。

TEST 1

QUESTION

在特賣會場，你想要的商品被其他客人拿走了，但你非常想買這個商品。這時你會怎麼做呢？

- **A** 問店員同樣的商品是否還有存貨
- **B** 放棄買這項商品的念頭，改找其他商品
- **C** 等那位客人自己放棄該商品
- **D** 拜託那位客人把商品讓給自己

ANSWER

了解黑心程度

想要的商品表示「自己的欲望」。對自己的欲望會採取什麼行動，可測知黑心程度。

A 黑心程度 0%

與其使壞心眼，寧願用正當的方法。不過，有時太拘泥於正當方法，反而顯得你這人很難搞。

B 黑心程度 20%

果斷放棄，屬乾脆俐落型。但可能因太乾脆而變得過於恬淡寡欲，連重要的事也錯過。

C 黑心程度 50%

能確實掌握情勢，做出判斷，有點黑心的傾向。工作上也能充分把握狀況，手腕高明。

D 黑心程度 100%

無論如何都要滿足自己的欲望，否則誓不甘休。會為了滿足欲望不擇手段。

TEST 2

QUESTION

你家附近發生火災。
你到達現場時，消防車正在滅火。
此時火勢如何？

A 仍有火勢蔓延

B 火勢大部分已控制

C 火勢逐漸變小

D 火勢大致熄滅

ANSWER

了解想出軌的程度

火災表示性慾高漲，火勢表示男女關係的糾紛。我們可從這題了解因性慾而導致糾紛的可能性。

A 想出軌程度 100%

經常找機會偷吃。如同消防員雖在救火，但止不住火勢。只要有機會，無論對象是誰，都會想出軌。

B 想出軌程度 70%

如能不拖泥帶水、不留後患，就會考慮出軌。但因不想捲入麻煩，內心常有矛盾糾葛。

C 想出軌程度 50%

並非完全不想出軌，但陷入出軌泥沼時，沒有自信能妥善處理。此時就會想：「出軌是超過我能力範圍的事……」

D 想出軌程度 0%

屬於怕麻煩、依常識行動的類型，想出軌的程度趨近於零。認為「性不等於愛」，所以出軌的可能性很低。

TEST 3

QUESTION

與自己年齡有段差距的妹妹心事重重，哭得很傷心。你會怎麼幫她？

A 默默聽她傾訴一整夜

B 給予適當的建議

C 為了讓妹妹心情好一點，帶她一起出門

D 讓她靜一靜

ANSWER

了解性愛偏好

幫助比自己弱小者的方式，象徵你想要什麼樣的性愛。

A 完全被動

不會自己主動出擊，扮演完全被動的角色。性方面需要有人引導，性愛之後也希望有溫柔後戲。

B 喜歡一般的性愛

對冒險型的性愛不感興趣，喜歡遵照手冊上的一般方式行禮如儀。平時應該也是舉止得宜的人。

C 凡是性愛都喜歡

很能享受性愛的類型。所以，也能跟特定性伴侶以外的人發生關係。

D 對性愛淡泊

對他人的干涉感到困擾，也不想接受調情。對性事清心寡欲，總是草草了事。完事後很快就會呼呼大睡。

TEST 4

QUESTION

你遇到一位知名畫家。你對他的畫非常欣賞，想送他一頂帽子當禮物。你會送什麼樣的帽子呢？

A 圓形針織帽

B 貝蕾帽

C 加長帽簷的帽子

D 棒球帽之類帽舌突出的帽子

ANSWER

了解愛吃醋的程度

畫家表示「描繪未來願景的人」，是與戀人關係的象徵。從想讓對方戴什麼樣的帽子，可測知你心中醋意有多少。

A 愛吃醋程度 10%

對他人不太感興趣。並非不愛伴侶，但如果伴侶劈腿，會淡然處之。

B 愛吃醋程度 50%

貝蕾帽中規中矩，表示愛吃醋的程度普通。知道伴侶偷吃，雖然當下會生氣，但不在乎這種小事，很快就會拋諸腦後。

C 愛吃醋程度 100%

選擇加長帽簷的帽子，表示嫉妒心如同帽簷一樣大。一旦打翻醋罈子，就一發不可收拾。

D 愛吃醋程度？%

選擇帽舌突出的帽子，表示對特定事物格外執著。言語、行動……哪個部分會點燃你的妒火，實在難以預測。

TEST 5

QUESTION

你做過被追趕的夢嗎？夢中追你的人是誰呢？

A 上司

B 鬼

C 白骨人

D 狼

ANSWER

了解內心深處的弱點

夢見被追趕，表示你對周遭隱藏自己的弱點。每個追趕你的人各代表不同意義。

A 自尊心強，不依賴他人

因為自尊心強，不想被人發現弱點，每當遇到困難，總是放不下身段找人商量。上司象徵「可依賴的人」。

B 什麼都怕

鬼象徵「警告」。你對所有的事都提心吊膽，抱持警戒心，無論是對第一份工作或對其他人。心防很重，信賴的人寥寥無幾。

C 被朋友排擠

骸骨表示「負面情緒」。例如，當你聽到朋友或同事似乎正愉快地聊天，就會感到不安，懷疑「自己是不是被他們排擠了」？

D 畏懼異性

狼代表「對異性的性恐懼」。亦即內心深處認為異性很可怕，不想接近異性。

第4章

職場女性的心理

1

想知道「為何把這份工作交給我」

女性腦海上演各種可能性與發展

想在最初階段解決擔心的事

似乎有許多男性認為，只要是上司交辦的事，就非做不可。男性固守上司與部屬的上下關係，就算工作是倉促指派，仍會傾向接受，還會站在上司的立場著想，認為上司一定有特別理由才會這麼匆忙。

但女性接到新任務時，一定會詳細確認工作的內容、參與人員及期限，還會冒出這個問題：「為什麼要我來做？」

女性不像男性般拘泥上下關係，而且**因為左右腦連動順暢，腦中會上演各式各樣的可能性與狀況**。女性會想像到許多可能會發生的障礙與因應對策，所以想在**一開始就解決那些令她擔心的事**。另外，因為她們能**預想到工作的一連串流程**，綜觀自己的能力與職場狀況，就會產生「為什麼要我來做」的疑問。

疑問中富含各種情緒

會有此疑問，有以下幾種理由。首先是「想知道上司對自己的評價」。女性想聽到上司說「我想把工作交給你」「這件事非你不可」等等。這個疑問也跟工作動機密切相關；女性的情緒隨**左右腦的連動活躍運作**，而動機深受情緒左右，對女性來說，動機的有無是非常重要的事。此外，這個疑問有時是在表達對工作分派不公的不滿與抗議，因為「明明有人閒得發慌，為什麼只把工作交給我」。女性**擅長觀察他人的動作與現場氣氛，女性間的情報網四通八達**，所以對周遭狀況都能瞭然於心。放眼四周，誰能幹、誰無能，女性都心知肚明，對不公平的狀況也都能察覺。

無論如何，女性問這個問題，是為了消除不安、理解狀況，以使工作順利進行。

女性連枝微末節都想知道

女性什麼都想知道，不只是因為興趣，而是想發現細節、事先預測問題。

不安

女性重視過程（▸▸P164），在乎作業的方法與正確性，所以想消除對過程中不確定性的不安。

確認自己的評價

想確定上司把工作交給自己，是因為賞識自己的實力，還是帶有強迫性質。

追求公平

職場有所謂「公平理論」（Equity Theory，▸▸P172）。員工覺得某事不公平時，就會向上司提出抗議。

自我辯護

被委派不擅長的工作時，事先準備失敗的藉口，這叫做「＊自我設限」（Self-handicapping）。

＊**自我設限**　一種保護自尊心的行為。做事之前就向周圍表示，即使失敗，也不是自己的責任。例如，考試前就向大家透露「自己完全沒唸書」。

2 以「自己很沒用」為藉口逃避問題

這麼說是為了保護自己

迎合他人的心理

有些女性老是把「我是個沒用的人」等貶低自己的話掛在嘴邊，但認真問她：「真的認為自己沒用嗎？」又覺得她似乎不是在說真心話，所以也不知該回應她什麼。這些人是基於什麼樣的心理，才會說這種違心之論呢？

「**逢迎討好行為**」（Ingratiating Behavior，▶P163）是主要原因之一。硬是貶抑自己，承認對方的優勢（奉承對方），是為了得到對方的好感。

另外，也是**出於防衛的心理**。在被他人說「沒用」之前，自己先說，比較不容易受傷。

過度貶損自己，也可能是期待對方否定自己說的話。女性之間常有這樣的對話——一個說「我不可愛」，另一個就說「才不會呢」。會貶損自己的人是因為**自我評價低**，如果聽到他人否定這些話，自尊心就能得到安慰。

潛意識中帶有強烈的自戀

此外，也可能是基於「***自我證實的回饋**」（Feedback for Self-verification）心理。這是一種逆向操作的模式，亦即為了使他人同意自己所認知的性格，向周遭下了很多功夫，證實「自己的性

***自我證實的回饋**　積極以言語和行動表現自我認知的性格，希望他人認同自己的自我概念。

格（能力）就是如此」。例如，負面性格的人做錯事後，決定豁出去，用帶點半放棄的強硬語氣對對方說「我就是沒用」，對方就會連善後建議也說不出口，無奈地接受這樣的性格。

一般來說，這種言行是**保護自己的手段**，因為不想受傷與被討厭，所以寧可讓大家接受這樣的自己。**有強烈自戀傾向的人比較容易有這類言行。**

　在大部分的場合，會說自己沒用，是為了敷衍了事、迴避問題，以避免自己被盯上。

自我貶低的女性，真心話是……

貶低自己的女性或許給人「不出風頭」「有修養」的印象，不過，她們也有令人意外的內心世界。

1 想依賴別人

向大家宣告「我很沒用」的人，是希望有人能幫助她，讓她依賴。

2 不想受傷，所以先打預防針

在被他人指責沒用前，先說自己沒用，別人就不太可能這麼說她了。

3 自戀：「這就是我」

喜歡「沒用的自己」。橫下心來表示「我的個性就是這樣」，反而堵住別人的嘴。

4 希望別人否定這些話，讓自己安心

缺乏自信的人希望受人肯定。在說自己沒用時，期待別人安慰她：「才不會呢！」

3 好管閒事的女性

以他人的感謝確認自己的存在意義

「樂於助人」還是「好管閒事」？

常說「我是為你好」，是好管閒事者的一大特徵，意思是想盡可能幫助、支援對方。女性比較容易有這種心理，不過關鍵在於對方是否期待這樣的好意。

樂於助人者，首先會尊重對方的想法，誠心照顧他人，被幫助者也會真心感動。好管閒事者即使是做同樣的事，但顯得不夠尊重對方，只站在自己的立場，強迫別人接受自己的幫助。

這種自以為是的行為可能是來自**尊重需求**（▶▶P160）。他們照顧別人是因為極度想獲得他人認同、滿足尊重需求或滿足自己，經由他人的感謝來**確認自己的存在意義**。也有人善待對方的目的是**想控制對方**，這種人有時會以輕視的態度對對方說：「聽我的準沒錯！」更有甚者，因為堅信自己是對的，如果對方反應冷淡，他們還會不高興：「我特意幫你，你竟然這種態度！」

難以改變，麻煩一堆

太愛管閒事的人可能有「*彌賽亞情結」（Messiah Complex）的傾向。他們**極度自我否定，無法愛自己**；為擺脫這種壓力，就在周圍

＊**彌賽亞情結**　彌賽亞指的是救世主。因為自己想被拯救，而硬以救世主之姿，想為他人做些什麼的心理。

塑造一個被藐視的對象（被認為無能的人），然後表示：「對那個人不離不棄的只有我」，自顧自地吹捧自己的特別，沉浸於自我滿足中。因為深信自己對他人有所助益，即使遭周圍指責，也難以改變，自然會產生許多糾紛。

女性具有母性本能，有喜歡照顧人的傾向，這也是她們逾越助人分寸而變成好管閒事者的原因之一。

彌賽亞情結的特徵

有彌賽亞情結的人，忍不住要去幫忙別人。不過問題在於，這樣的心理與其説是為了別人，不如説是為了自己

以幫助他人引來注目

若想以幫助他人來獲得認同，或讓別人需要你，就會提供過度的照顧，有些人還會刻意讓問題變得更嚴重。

在困難的狀況下提供協助，周圍就會注意到你是個很棒的人。

若得不到感謝，就大發雷霆

得不到所期待的評價或讚美時，就會怒火中燒：「枉費我為了你這麼努力！」

容易發展出彌賽亞情結的類型

強烈的負面情緒

懷有「想被重視」、「沒有人懂我」、「希望有人救救我」等負面情緒的人。

4 在公私間游刃有餘

女性能同時執行、思考好幾件事

工作優先的男性無法理解

男女間常上演這種情節——女性問男性：「工作和我哪個重要？」而男性一時語塞。男性會答不出來，是因為男女的優先順位不一樣。

男性因生存所需，會以工作優先，把自己的能力發揮到極致。因此，他們重視家庭外的生活與人際關係；當然也重視與自己有關的一切，包含伴侶在內。但男性左右腦明確分工，形成*單一任務模式（Single Task），**傾向優先考慮眼前的事**。如果工作比較趕，就以工作優先；家裡有人住院，就先考量家人。何者較重要，端視情況而定。

工作與私事一樣重要

另一方面，女性連接左右腦的胼胝體較大且厚，左右腦通力合作，**可以多工處理、思考不同的事**。例如，邊工作邊考慮回家後購物的事，同時計畫下個月的旅行。或雖參加轉職活動，但在離職前，在原來的崗位，仍能不改初衷地努力工作。也就是說，女性可以公私並行。

如果預定有私事，女性可以同時考慮這段期間公事該如何處理，也會確實向上司報告「當

*＊***單一任務模式**　指一次只能處理一件事，優點是可以集中精神在同一件事情上。能同時處理好幾件事則稱為「多工處理」（Multi-tasking）。

天我已有計畫」；並不忘向上司確認，若工作上有突發狀況，原本的私人計畫不會生變。因為**工作與私事同等重要**，所以要**用同樣的順序思考與處理**。因為女性可以採取多工模式，對只能優先處理眼前事的男性感到不耐，才會經常上演「工作和我哪個重要」這一幕。

不過，公私混為一談的另一面，就是工作與私事難以區別。這樣的人有時會出現沒分寸的行為，例如在職場上，常會不小心忘了對私下交情良好的上司用敬語等等。

男女的差異
工作與私事並列

女性也知道工作與私事是兩回事，但因為能一心多用，所以常讓兩者同時並行。

女性

工作期限
打電話給男友
約會

女性因左右腦合作無間，所以邊工作邊考慮私事，對她們來說輕而易舉。

男性

開會
打電話給客戶
約會

男性在思考時只使用右腦，無法一心多用，通常不能在工作時考慮私事。

5

想獲得賞識，但不想出人頭地

害怕成功會對自己不利

認真努力，但不想出風頭

無論男女，都有自己的夢想與目標，換句話說，就是都有自己的「需求」。飲食、睡眠的需求比較容易實現，滿足這類需求後，就會進一步朝「實現理想自我」的需求努力。「在工作上受賞識」雖也是馬斯洛的需求階段之一，但在這方面，男女有不同的心理。

現在女性的社會參與活躍，工作能力之強，連男性也相形見絀。這是出於***尊重需求**，為獲得周遭認同而努力所得的成果。女性雖煞費苦心、勤勤懇懇，但對於接受理應獲得的褒獎、「出人頭地」的需求，卻有錯綜複雜的心理。不少女性因為**「會和周遭產生隔閡」**、**「地位提高會降低女性魅力，使男性敬而遠之」**等理由，硬要避免成功。這些女性認為，嶄露頭角對自己來說，絕非值得高興的事。害怕成功、想像成功會對自己不利，而變得畏首畏尾，稱為「**逃避成功的動機**」（Motive to Avoid Success）。

逃避成功的動機來自社會觀念

美國心理學家荷奈爾（M. S. Horner）的心理實驗證明，女性的逃避成功動機高於男性，可

＊**尊重需求**　在社會上獲得他人認同與尊敬的心理。這種心理對溝通非常重要。尊重需求若得不到滿足，會導致孤獨感的產生與自尊心的降低。

能是受社會觀念的影響。其中最具代表性的觀念就是「男尊女卑」，即認為女性應「順從」「扮演賢內助」等。這種印象殘留至今，使大家認為，女性若在社會上成功，等於破壞了女性的傳統角色。這樣的觀念使女性內心產生**「尊重需求」與「逃避成功動機」的矛盾衝突**。

不過，最近男女平等的社會制度愈來愈普及，女性管理職增加，不抗拒女性成功的環境已慢慢建立，或許今後有逃避成功動機的女性會愈來愈少。

人類的需求

人類有各式各樣的需求，美國心理學家馬斯洛將這些需求分成五個階段。

馬斯洛需求層次理論

馬斯洛認為人類需求可分成五個階段，較低層次的需求滿足後，才會想滿足下一階段的需求。

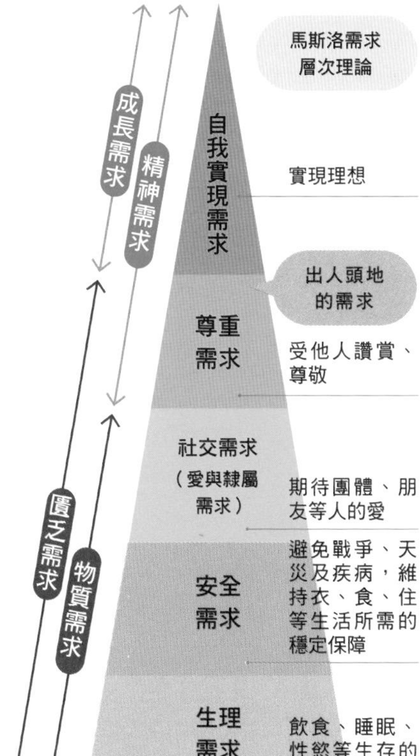
馬斯洛需求層次理論
成長需求
精神需求
匱乏需求
物質需求
自我實現需求
實現理想
出人頭地的需求
尊重需求
受他人讚賞、尊敬
社交需求（愛與隸屬需求）
期待團體、朋友等人的愛
安全需求
避免戰爭、天災及疾病，維持衣、食、住等生活所需的穩定保障
生理需求
飲食、睡眠、性慾等生存的基本需求

6 與上司關係良好

重視距離感甚於上下關係的女性

過分親暱就沒大沒小!?

環視周遭的職場情況，你是否發現，男性跟上司的上下關係明確，並確實遵守上下關係，女性卻不一定如此？尤其如果上司是男性，女性就會以朋友般的語氣、態度對待他，而職場環境似乎也默許這樣的情況。

這是職場常見的現象，不是只有年輕女性，或「像上司女兒般的女性」會這麼做。**女性重視協調性與從眾性，比起上下關係，更重視人與人之間的距離**。而且，女性擅長溝通，**能用「對話」使人際關係順暢**。對上司而言，部屬職位升得愈高，通常與上司的距離就愈遠；如果有個部屬以沒有隔閡的態度對上司說話，不管是誰，上司都會很開心。女性部屬如朋友般的語氣，是與上司順利溝通的對策，或許因為如此，她們才創造出允許這種態度的氛圍。

縮小與上司間距離的祕訣

男性在與上司討論工作話題時，通常不會去刺探上司的私事。女性卻對打聽出**上司的興趣、家庭**等事情非常在行。如果有工作以外的話題，也會提高與上司間的親近程度。

此外，也只有女性才會去觀察上司的服裝、

隨身物品等細節。女性會運用這些觀察，不著痕跡地拍上司馬屁，例如對上司說「你的領帶都很時尚」、「你配戴的飾品都好漂亮」等。這類言行屬於心理學所說的「*逢迎討好行為」，也是出色的社會溝通手段。

總之，女性容易跟上司交好的理由，可能是女性有各式各樣、名目繁多的溝通手段吧！

男女的差異

與上司的關係

能跟上司稱兄道弟的人，女性占壓倒性多數。並非女性不重視禮儀，而是女性有獨特的處世之道。

女性

積極溝通

女性競爭心比男性弱，但協調能力較強。與人接觸時，會先試圖溝通、建立交情。

男性

重視上下關係

男性受男性荷爾蒙影響，不只競爭心強，還想高人一等，所以會相當堅持「上」與「下」的關係。

＊**逢迎討好行為**　意圖獲得對方好感的行為。附和對方的意見、恭維對方、拍馬屁等皆屬此類。

7 過程重於結果

左右腦連結的差異使男女彷彿平行時空

女性同時使用左右腦

男女對話時，常見女性正滔滔不絕，男性卻插嘴說「總而言之」「也就是說」等，意圖總結對話內容。之所以會如此，並非女性表達能力不佳，而是男女的表達方式不同。

男性連接左右腦的*胼胝體既小且薄，左右腦分工明確，思考時用右腦，說話時用左腦。他們希望對方**以簡潔的方式說明關鍵之處**，**不太在意過程**，**表達也很簡單明瞭**。而女性胼胝體比男性大且厚，左右腦連結順暢，說話時有同時使用左右腦的傾向。所以，她們會**隨著情緒延伸話題**，**邊敘述過程**，**邊在腦中歸納結論**。女性能喋喋不休說著無聊閒話，男性則因一直聽不到結論而心浮氣躁。我們經常見到男女對話彷彿平行時空，原因即在此。

過程先於結論

在工作場合也可見到男女這樣的心理差異。日本企業常將工作上的用語「報告、連絡、相談」簡稱為「報連相」（編注：凡事報告、有事連絡、遇事相談），從這三個字也可看出結論優先的觀念——先論證內容，再以簡明扼要的方式整理內容，導出結論，這在職場被視為常識。但女

＊**胼胝體**　連接左右腦最大束的神經之一，此部位如果受損，便無法做出正確判斷。一般認為，若左右腦連結良好，更能發揮腦部整體的能力。

性認為，**結論要獲得認可，重點是先要讓人掌握過程**。說話時同時使用左右腦，所以對話中也會包含結論以外的內容。如果報告對象是男性，便無法應付女性這種特殊的組織方式，只得中途打斷她的話，問：「那麼，結論是？」

這種對話對女性來說十分無奈。

男性既然重視結論，當然會要求行動的成果。若成果受到讚賞，就是最值得高興的事。而女性重視過程，**成果固然重要**，但大多數女性認為，**過程受到褒獎更值得喜悅**。

男女的差異
過程與結果何者重要？

得到成功的結果，無論男女都會歡欣鼓舞。但過程中有問題，男女的處理方法就不一樣了。

女性

結果的重要性自不待言，但過程同樣重要

是喔……可是這樣不行啊……
這個方法必須重新研究，但事情進展順利真是太好了！

對女性來說，過程導致結果，所以對過程的評價一樣重要。

男性

結局圓滿就好

能順利真是太好了！
這個方法必須重新研究，但事情進展順利真是太好了！

男性對沒有留下數字或結果的過程不感興趣。

8

期待與女上司密切溝通

細緻的溝通是與女上司相處順利的祕訣

頻繁接觸與自我揭露的必要

女上司比男上司更需要「密切溝通」。「密切溝通」就是更勤快地進行報告、連絡與商談，這是社會人士不可或缺的「專業技術」（Know-how）。除了結果，女性也重視過程（▶P 164），當然也會在意工作的進展狀況。對工作影響不大的內容也逐一溝通，可讓女上司比較放心。

此外，與女上司討論工作與個人的煩惱，也是跟女上司維持良好關係的好方法。擅長**自我揭露**（▶P 218）的女性應該大部分都能輕鬆做到。

對女性來說，**「對話」是重要的溝通工具**，

男上司當然也需要。但面對女上司，需要以更細緻的對話來溝通。

愈了解內心，愈能增加好感

此外，女性對他人的表情、動作等**非語言溝通**（▶P 126）有優秀的解讀能力，部屬的狀況都逃不過她的眼睛。若與部屬缺乏溝通，女上司一方面會擔心部屬，一方面也會感到落寞。

美國心理學家查瓊克（Robert B. Zajonc）提出「**＊熟悉法則**」（Law of Familiarity），認為人愈了解對方的內心世界，對對方就會愈有好感。一般人對熟人會較親切，對陌生人則容易冷眼

＊**熟悉法則**　因為知道某特定人物的內心世界，而逐漸對其產生好感。

旁觀或加以攻擊。總之，即使並非刻意，比起沒有溝通意願的部屬，上司更願意多關照積極溝通的部屬。

不過，過分親暱容易產生問題。別忘了，上司在**個人空間**（▶P64）是屬於公眾區的關係。

溝通可增加好感

要打開他人心扉，頻繁接觸與自我揭露都是不可或缺的。總之，關鍵在於密切溝通。

單純曝光原理

多次看到某個人，就會對他產生好感。反覆播放的廣告會引人注意，也是出自這個原理。

熟悉法則

隨著對對方性格與想法的了解，好感也會增加。這項法則與單純曝光原理都是由美國心理學家查瓊克提出。

開放性法則

除了工作等公共面向，了解私人面向也會增加對對方的親切感。因為接觸內心世界能讓人產生親密的感覺。

9

要經常給予女部屬支持

即使該部屬不需特別費心，若置之不理，也會引發不滿

每個步驟都必須確認

一般認為，教導男性時，最好遵守「要言不繁」的原則。因為男性的左右腦不如女性連結順暢，從思考到理解需要花更多時間。讓他們自己去傷腦筋、體驗失敗，得到教訓後，下次就會進步。

教導女性時，如果採取放牛吃草的做法，容易引發不滿。因為女性左右腦連結較緊密，同時使用兩邊的腦，能夠注意到繁瑣細節，**左右腦的連鎖反應也容易牽動情緒**。

例如，女性雖能靈活掌握作業，但對作業過程中「某項操作是否正確」沒什麼自信。因此，女性很在意「目前為止做得對嗎」與「下一項作業的正確做法」。

為了消除這種不安，在教導女性時，最好每個步驟都逐一確認。從旁指點、不時讚美，熱情地「贊聲」，也會帶來「*比馬龍效應」（Pygmalion Effect），使女部屬將自己的能力發揮得淋漓盡致，更可能得到好的成果。

再優秀的部屬也不能放牛吃草

對於不需緊迫盯人的部屬，多數上司會認為既然他沒有問題，採取「放養」方式就行了。

*比馬龍效應　美國心理學學家羅伯特．羅森塔爾（Robet Rosenthal）的實驗證明，對一個人的期待愈多，愈能促進他的動機，達到符合所期待的結果。

但若部屬是女性，這麼做會引起她的不滿：「我做什麼都無所謂嗎？」、「怎麼只丟下幾句話，就撒手不管？」以上司的立場，是因為對她放心，把一切交給她後就不多干涉；但從部屬的角度，上司默不作聲彷彿對她置之不理。

無論部屬多能幹，只要是女部屬，**多溝通、多對話是非常重要的**。因為對女性來說，獲得他人認同、聆聽她們的意見，才會讓她們感到踏實。

男女的差異

對男女部屬應有不同的對應方式

上司對部屬理應平等對待，但最好充分理解男女的特性，採取適當的對應方式。

女性

因為女性會注意到各種細節，如果上司不在乎她，她馬上就會發現，並因此感到不安。多多替她「贊聲」，就能消除她的不安。

男性

在推導出答案的過程中，上司如果話多了些，會讓男部屬覺得自己不受信任。所以，上司只要在旁默默關心就好。

10 刁難晚輩的老鳥女職員

堅持自己的標準，只看得見他人的缺點

令人困擾的老鳥女職員特徵

你的職場也有老鳥女職員嗎？她們因為工作年資長，對公司與工作都知之甚詳，會教導後輩不懂的事，後輩有疑問時也會給予建議，有時甚至比上司還可靠。不過，對女性同事、後輩炫耀自己的能力或加以刁難，令人傷腦筋的老鳥女職員也所在多有。

批評女性同事或後輩「衣服或化妝太花俏」、「說話時對男性員工賣弄風情」、別人若不依照自己的方法製作文件就大發脾氣……老鳥女職員種種令人困擾的言行，看來都是在叨念瑣事、挖苦人或背地造謠，看到別人不知所措的反應就心中竊喜。

女性的嫉妒容易連結到情緒

這些刁難的行為，歸根結底是因為**對自己在公司的地位不滿**，而這些不滿出自嫉妒同事的年輕、美貌、性格等。一般認為，與男性相比，女性的嫉妒更容易與情緒連在一起。嫉妒某個人，就更認為她是個「討厭的女人」。因「*確認偏誤」（Confirmation Bias）的作用，即使對方其實沒什麼問題，但老鳥女職員仍只看得見他的缺點。對方若戰戰兢兢、表情笨拙，老鳥

＊**確認偏誤**　為了肯定自己的成見或信念，只蒐集對自己有利的資訊，對否定的資訊置之不理、不屑一顧。

女職員就會肯定自己的偏見：「自知惹人厭的人，果然對自己也採取討厭的態度。」於是更百般挑剔。

「美化記憶」也是老鳥女職員找碴的原因之一。人類腦部會有意識地**壓抑對自己不利的記憶，即使環境與時代改變，仍容易想起自己以前拚命努力的美好回憶**。老鳥女職員認為「年輕時的我更穩健可靠」，所以只注意到年輕後輩的缺失。經由美化自己的年輕時代，更加深確認偏誤心理的作用。

確認偏誤的例子

大家都知道最好不要有偏見，但還是會不知不覺用成見或情緒判斷他人。

團體中有個打扮特別花俏的女孩子

這個花俏的女孩子有時在工作上會出錯

斷定「花俏型的人果然不能專注在工作上。」

確認偏誤的作用

在確認自己的假設正確與否之時，只蒐集符合自己成見的事件或資訊，堅信自己的假設是正確的。

11 女性討厭的上司類型

男性服從「工作與組織」，女性服從「人」

與上司的關係非常重要

男女的工作方法與價值觀大異其趣，所以常發生溝通不良的狀況。**男性服從工作與組織，女性服從人**。因此，女性與上司的關係是相當重要的課題。

男性認為「不說也應該知道」

女性討厭的上司類型五花八門，包括只知自保的不負責任型、優柔寡斷的領導無能型、不公平型等等。

英國經濟學家史黛西・亞當斯（J. Stacy Adams）提出「*公平理論」（Equity Theory），主張「人希望維持、確保與他人之間的公平性」。自己與同事比較時，如果覺得自己受到優待，對工作就會更積極；如果覺得待遇不佳，對工作就會敷衍了事。

尤其在很少溝通的男上司與女部屬之間，「公平性」的問題常造成雙方的誤解。上司已盡量做到公平，但因很少說出口而產生誤解，這種讓女部屬認為不公平的情況，在職場經常發生。

女性相當重視溝通。**男性認為「不說應該也會知道」，女性則認為「應該好好說清楚」**，所以兩者的認知有極大差異。對女性來說，「言

＊**公平理論**　人在工作上得不到合理的評價與報酬時，為了調和不均衡的狀態，採取某些行動，以求接近公平。

語表達」並非難事，所以對寡言的上司感到不耐。不過，要達成女性想要的溝通也不難。只需要一點感謝，或表示關心、確認狀況就可以了。總之，女性是想確認上司在工作的過程中，有關切自己之意。

對女性來說，女上司雖比男上司容易溝通，但也有些女上司會對嫉妒同性；在服裝、對男性的態度等方面，對女部屬有嚴苛的標準。

討人厭的上司類型

無法尊敬上司、被上司折磨的人應該不少。什麼樣的上司容易惹人嫌呢？

推諉卸責

雖想行使上司的裁決權，卻不想負責任，因而強迫部屬做出判斷。

只出一張嘴

愛講自己的豐功偉業或指責部屬，而不採取行動。

不容分說就亂發脾氣

搞不清楚狀況就發怒。即使自己有錯也視而不見，一味斥責部屬。

趨炎附勢

為了保護自己的名聲地位，只知看上面的人臉色。甚至為了提高自己的評價而排擠他人。

12 女性討厭的部屬類型

覺得難以溝通的部屬不討喜

討厭不自我揭露的部屬

對上司來說，能幹優秀的部屬是非常重要的。但是，能幹的部屬不一定會討上司喜歡。上司也是普通人，未必會以能力決定好惡。

那麼，女上司討厭什麼樣的部屬呢？

首先，女性**因母性本能，具有「撫育」的熱忱**。所以當部屬遇到挫折，女上司會為他加油打氣，同理他的心情，並加強指導，以免他重蹈覆轍。但如果部屬一副「不需要幫助」態度，即使他工作幹練，女上司仍會覺得他很難搞。

女上司與部屬的關係，跟部屬是否「**自我揭露**」（▶P218）有關。如果部屬坦白說出自己的想法與不安，女上司就會萌發「撫育」的熱心。也就是說，人際關係的惡化，只要有良好的溝通就能輕易改善。

人際關係的潛意識心理

部屬也會有先入之見或偏見。如果男部屬因為上司是女性，就採取迴避或厭惡的態度，女上司也會敏銳察覺這樣的心聲，如此一來，雙方要溝通良好就有如緣木求魚。這種情況稱為「**嫌惡的相互作用**」，是「*互惠規範」的一種。亦即對方若對自己採取厭惡態度，自己也會對

＊**互惠規範**　當接受他人的某種行為，為保持兩人關係的平衡，就必須以類似行為回報的心理。

他報以厭惡態度。這是一種負面的心理行為。

有些上司會莫名其妙地看某些部屬不順眼，這可能是來自上司「投射」的心理作用。「**投射**」是一種**防衛機制**（➡P116），上司有自己下意識不想承認的缺點，看到有同樣缺點的部屬，就會非常在意，並產生嫌惡感。

討厭他人的心理

「沒有什麼重要理由，但就是不喜歡那個人……」或許就是因為透過那個人，看見了自己的內心。

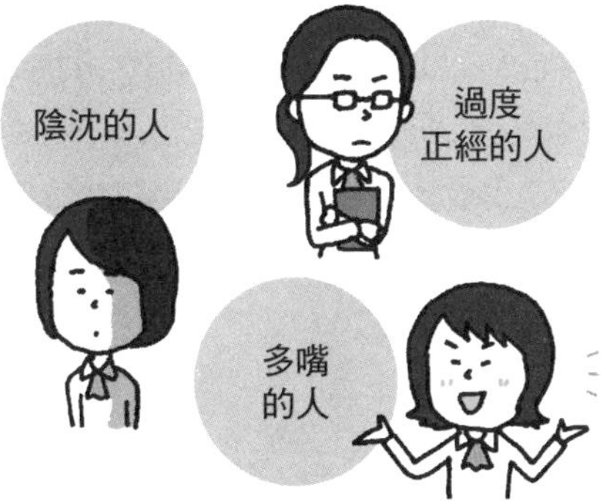

沒來由地不喜歡某些人

投射的心理

對方有與自己相同的缺點，但因為自己不想承認，就更加強調、討厭對方那項缺點。

13

想成立小團體的女性

社交需求與從眾性形成堅固的同伴意識

平衡理論強化團體

不知你有沒有這種感覺，在學校或職場，形成小團體的大部分是女性？那麼，為什麼女性喜歡集體行動呢？

女性的對團體有強烈的「*愛與隸屬需求」，想藉由被團體或組織接受而得到內心的安定。因「不想被大家排擠」而融入團體，雖會失去個人的主體性，但受團體承認會得到安心感，逐漸與周遭保持一致，進而形成集體行動。

有些人加入團體的原因並不是「不想被排擠」，而是「喜歡某個前輩或團體」。這類團體團結一致的程度，勝過以權力支配的派系。

一般認為，這類團體的基礎深受「**平衡理論**」（Balance Theory）影響。平衡理論由美國心理學家海德所提出，他主張在人際關係中，當想法與好惡情緒產生矛盾，對人的評價也會改變，以保持平衡。舉個身邊的例子：「**我們如果喜歡某人，也會傾向欣賞他所喜歡的東西，討厭他所不喜歡的東西。**」在這種心理的反覆運作之下，團體中人的好感或意見將會趨向一致，彼此一心一意，團結一致。

女性的小團體會改變形式

＊**愛與隸屬需求**　相當於馬斯洛需求層次理論（P161）中的社交需求，指被團體或同伴等愛護的需求。

女性團體的特徵是，**通常乍看之下關係良好，但內情複雜，有各種不同形式的變化**。同一小團體的女性，也會對團體中不在場的人說三道四、在團體的一部分人之間製造祕密。團體表面上固若金湯，但內部其實有複雜的人際關係。職場中的男性團體是以工作為中心，團體中可能是「對工作想法相同」、「在公司的目標相同」的人；女性團體則是以個人為中心，團體中人可能是「合得來的好朋友」，所以會因感情而有各式各樣的轉變。

平衡理論的例子

美國心理學家海德認為，人通常會希望保持與他人想法、情緒的平衡。

愛屋及烏

認為朋友的朋友也是好人，自己也會喜歡他。

恨屋及烏

「憎惡和尚連袈裟都恨」的心理。覺得討厭的傢伙所用的物品也惹人厭。

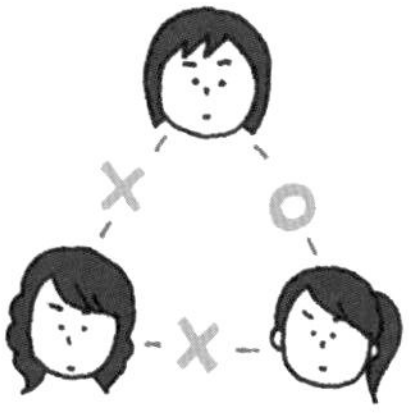

敵人的敵人就是朋友

認為與敵人為敵者就是跟自己站在同一方，擁有同樣的價值觀。

購買喜歡的藝人所宣傳的商品

喜歡的人所推薦的東西，對自己來說也是好東西。

14 性騷擾與女性

男女對「性騷擾」的認知不同

引起心理疾病可能性

性騷擾是現代社會的嚴重問題。二〇一二年，厚生勞動省發表有關男女雇用均等法的「勞動者諮詢內容細項」，其中顯示，在諮詢內容中，「性騷擾」占壓倒性多數。其中女性勞動者的諮詢案件有五八三八件，男性勞動者有五四九件。男性受性騷擾的數字比往年大幅提升。

男女對性騷擾的認知不同，是性騷擾從未絕跡的原因之一。男性認為性騷擾主要指直接關於性的行為或言語，這點女性當然也贊成。不過，女性認為開黃腔、帶有性別歧視或輕蔑意味的言語，也屬於性騷擾的範圍。過分的黃腔會令女性感到不快（➧P40），況且如今女性參與社會已是天經地義的事，還在說「沒個女人樣」、「女人應如何如何」之類男尊女卑的言論，會讓人感覺到歧視意味。職場中若有言談間瞧不起女性的人，對女性的工作十分不利。

受到性騷擾的女性感覺不快是理所當然的，有人會當成耳邊風，但在有些人心中則是卸除不了的壓力，其中也有人因此飽受憂鬱症與*PTSD之苦。要解決問題並非易事，首先就是不要一個人承擔，找周圍可信任的人商量。共享問題意識是解決問題重要的一步。

＊PTSD　即創傷後壓力症候群。因劇烈衝擊或他人言論使內心留下傷害，引發壓力障礙，影響社會生活的心理狀態。

性騷擾的種類

性騷擾已形成嚴重的社會問題。職場性騷擾大略可分為以下兩種類型。

交換性騷擾

受到性騷擾的一方，因拒絕或抵抗性騷擾而遭解雇、降職或非自願調職。

例如

1 上司說帶有性意涵的言語，抗議後遭降職。

2 客戶糾纏不休，要求約會，當你表示拒絕，客戶就中止契約。

3 同事觸碰你的身體，你警告他該注意自己的行為，同事就到處造謠，使你調離部門。

敵意工作環境性騷擾

因飽受性騷擾而覺得職場環境令人不舒服，使工作意願降低或對工作本身產生障礙。

例如

1 被上司叫進個人辦公室上下其手，以致不想去公司。

2 公司牆上貼了豔星海報，看了就尷尬。

3 同事向客戶散播自己私生活淫亂的謠言，因此跟該客戶難以共事。

column

4

其實女性比較……令人意外的女性特徵

你是否有「男性運動神經較發達」「男性對數字較敏銳」的印象？不過，事實似乎不一定如此。

CHARACTER 1

其實女性更容易變成跟蹤狂？

女性變成跟蹤狂的可能性比較高？

根據日本警視廳發表的報告，有跟蹤狂行為的人之中，男性約占八成。不過，仔細觀察容易變成跟蹤狂的類型，會發現女性也有強烈的傾向。

跟蹤狂的心理有幾種特質，其中可能製造出嚴重狀況的類型是「**邊緣型人格疾患**」（Borderline personality disorder ; BPD）。這類型的人，人格尚未成熟，無法將心比心。這是女性的常見疾病，也就是說，女性有容易變成跟蹤狂的可能性。

邊緣型人格疾患的特徵

衝動的行為

無法控制情緒、同時跟好幾個異性發生關係，或有過食、自傷行為。

自我認同尚未確立

無論自己是什麼樣的人，自我形象隨他人而改變。

想法極端

想法非常不穩定，原本想向對方示好，卻突然攻擊對方。

CHARACTER 2

其實女性運動神經比較發達？

運動神經與運動能力

多數人都有「男性運動神經較發達」的印象，但其實可能恰恰相反。

「運動神經發達」指**腦中描繪的動作能順利傳送到肌肉**。例如「坐在椅子上」的動作是一整套系統：腦部先下達指令至前臂、腿等部位的運動區，運動區接收到指令後，將訊號傳達至肌肉，身體才產生「坐在椅子上」的動作。**女性左右腦連結良好，四肢的移動或其他細微動作都能更順利地進行**。

男性擅長的是「運動能力」。遠距離投擲物品等能力與右腦的運作有關。亦即，進行細緻動作的是「運動神經」，女性比較突出；使用全身動作的是「運動能力」，男性較為擅長。

運動神經與運動能力的差異

依照想法移動身體的神經。女性因左右腦連結緊密，能夠順暢進行細緻的動作。

快跑、遠距離投擲物品等能力。人的空間能力（Spatial Ability，▸▸P238）與運動能力由右腦掌管，而男性的右腦比左腦大，所以運動能力較強。

CHARACTER 3

其實女性
比較擅長數字？

數字能力由左腦掌管

大多數人應該都有「男性數字能力強，女性數字能力差」的印象。

大家都說男性是「右腦派」，女性是「左腦派」。左腦專司語言、分析、數字等邏輯思考能力，從這個角度來看，被稱為**「左腦派」的女性理應較擅長數字**。可是，為何大家會有男性數字能力較強的印象呢？除了數學家以男性較多，男性也傾向「單一任務模式」（▶▶P158），這點與專注力密切相關。或許是因為男性專心鑽研自己的興趣，才產生許多專家。

也有人受「數字恐懼症」影響，一聽到「數字」就產生抗拒感。或許女性原本精於數字，但因為恐懼的心理，才深信自己「對數字不在行」。

右腦派與左腦派

左腦派的特徵	右腦派的特徵
●語言能力強	●繪圖能力強
●善於推理	●擅長解讀圖形
●計算能力佳	●空間能力強
●邏輯思考	●具直覺能力
一般認為女性較多	一般認為男性較多

CHARACTER 4

其實女性
味覺較敏銳？

女性味覺靈敏

提到知名主廚，一般人總是想到男性。實際上，不只在日本，放眼世界，知名主廚或三星主廚似乎都是男性。雖然在家裡，大家都覺得「做菜是女性的事」；但女性似乎沒有專業美食家的舌頭。

不過，大家都知道女性的「味覺」比較敏感。**味覺通常並非單一感官知覺，而是與其他感覺共存**，其中**嗅覺與味覺密切相關。女性嗅覺比男性發達**，也許是因為五感的相輔相成，女性的味覺也比較敏銳。

知名主廚以男性較多的原因，或許是其中多數是創造性豐富的右腦派，他們擁有職人腦，能夠專注運用一邊的腦，所以才有此成就吧！

女性敏銳的五感

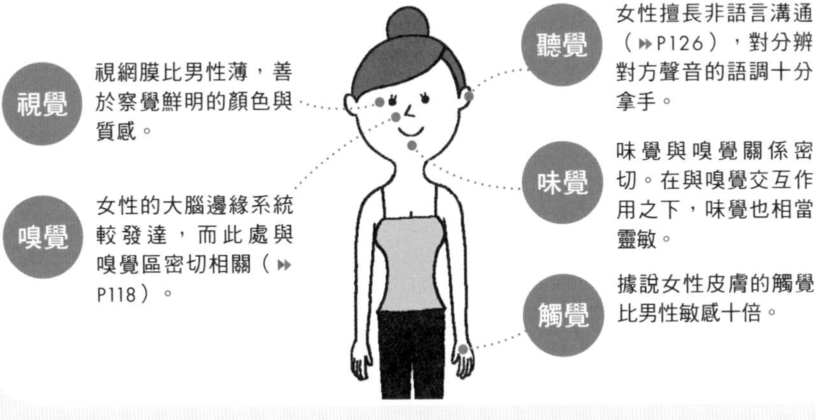
視覺
視網膜比男性薄，善於察覺鮮明的顏色與質感。
嗅覺
女性的大腦邊緣系統較發達，而此處與嗅覺區密切相關（▸▸P118）。
聽覺
女性擅長非語言溝通（▸▸P126），對分辨對方聲音的語調十分拿手。
味覺
味覺與嗅覺關係密切。在與嗅覺交互作用之下，味覺也相當靈敏。
觸覺
據說女性皮膚的觸覺比男性敏感十倍。

CHARACTER 5

其實女性
比男性更偏向肉食系？

女性變強了!?

「草食系」、「肉食系」現在已是固定用語，原先多用來形容男性，但現在用在女性身上的情況愈來愈多，**「肉食系女子」**的說法就相當常見。

「肉食系女子」指對戀愛與所關心事物都非常積極，**以欲望優先**的女性。從前女性的形象是「溫順」、「優雅」，現在的女性形象似乎正在改變。為什麼「肉食系女子」好像愈來愈多了呢？

女性的社會參與是主要理由之一。女性與男性一樣工作，一樣獲得社會地位。男性能享受的事，女性也能樂在其中。男性明顯開始草食化，可能也是讓人感到女性肉食化的重要因素。

肉食系女子增加的理由

美容場所的增加

美容沙龍等美容場所四處林立，社會環境讓女性更加有自信。

男性草食化

男性愈來愈女性化，使原本就有肉食傾向的女性更顯而易見。

女性的社會參與

女性與男性置身於同樣的立足點與環境，使女性愈來愈有自信，更能發揮積極的特質。

第 5 章

用心理學解讀女性的一生

1 從手足結構了解女性心理

排行決定性格的差異

父母的對待方式決定性格

雖然在相同環境中成長，但許多兄弟姊妹的性格卻截然不同。有些是天生氣質的差異，但基本上還是因**父母不同的對待方式**所致。

父母通常會對長子投入極大熱情，對學業等方面也有很高的期待，而孩子通常也會遵從父母的期望，這使長子有***成就動機較強**的傾向。弟妹出生後，父母也會常說「因為你是姊姊（哥哥）……」之類的話，使他們養成**具責任感**、**在意他人看法的性格**。

長子出生時，周圍大部分都只有大人，導致有些長子因為能力不如大人而***自尊感**（Self-esteem）**較低**。因此，**不安傾向也是某些長子的特徵**。美國心理學家史坦利・沙克特（Stanley Schachter）進行實驗，威脅將電擊受試者。他讓受試者選擇，實驗前要獨自等待，還是與他人一起等待？受試者中的長子或獨子傾向選擇與他人一起等待。這個實驗的目的雖是調查人的**親和需求**（▶▶P47），但長子的親和需求被認為是不安傾向所致。尤其女性有強烈的親和需求，而長女的不安傾向似乎特別強。

么女愛炫耀女性魅力？

***成就動機**　為達成遠大目標而努力的動機、盡量發揮能力以達到目標的強烈意志。

另一方面，次女、三女出生時，必定以長子為競爭對手，所以她們通常**競爭心強且手腕較高，自尊感也比長子強**。

德國心理學家沃爾特．托曼（Walter Toman）進行三百個以上家庭的臨床研究，調查手足之間各式各樣的性格特性。例如，**么女在意圖對男性炫耀自身魅力的同時，也有想支配男性的傾向**。此外，**獨生女有些擁有長女性格，有些則擁有任性的依賴性格**。

出生順位導致不同特性

德國心理學家托曼研究家庭中的人際關係，歸納出排行與性格間關係的模式。

姊妹中的長女

照顧型。對責任與權力感興趣，會為信仰獻身。

姊妹中的么子

有不羈與衝動的一面。善變、喜歡引人注意。

有弟弟的長女

獨立、固執、可靠。樂觀，不輕易灰心喪志。

有哥哥的么女

女性化、容易親近。重視丈夫或情人，女性朋友很少。

獨生女

有些擁有長女性格，有些則任性、依賴父母。在與朋友、異性的關係中，也有依賴的一面。

＊**自尊感**　跟一般所說的「自尊心」意思大致相同。充滿自信的人自尊感強烈，反之則自尊感低落。

2 母女的複雜關係

母親的自我認同會影響女兒的自我認同

對女兒來說，母親是「女性」榜樣

常看到小女孩在玩家家酒時模仿母親的言語動作。對女兒來說，母親是身邊確立女性**自我認同**（▶▶P90）的榜樣，也可說是「*****模仿**」（Modeling）的對象。

因此，母親擁有什麼樣的自我認同，對女兒自我認同的確立有深遠的影響。如果母親的自我認同是「我是個軟弱的人」，女兒可能也不會有自信，情緒、行為也不穩定。女兒的自我認同除了深受母親對女兒的對待與教養方式影響之外，也受**母親本身自我認同的影響**。

不過，也有些案例是女兒成為與母親不一樣的女性。女兒把母親當負面教材，比如說，女兒看到母親的邋遢，反而形成一絲不苟的性格；或者女兒厭倦母親的潔癖，養成馬馬虎虎的性格。但即便如此，有時女兒還是會驚愕地發現，自己也繼承了母親討人厭的部分。無論如何，一般認為母親對女兒心理的影響巨大。

也是「母親」的榜樣

女兒當上母親時，若自己的母親不適合做為模仿目標，女兒可能會對「要成為什麼樣的母親」無所適從，如此一來，就會缺乏身為母親

*** 模仿**　以某個對象為自己的榜樣，看到他的動作、行為就照著做。一般認為，子女是經由模仿父母而成長。

的自我認同。**母親自我認同的確立不僅會影響到女兒，甚至會波及女兒的女兒**。

此外，母女感情好，雖然是再好不過的事，但太親近也會出問題。如果從人生方向、升學到服裝，母親都強迫女兒遵照自己的意見，在

過度保護之下，孩子無法獨立，便可能形成「**共依附**」（Codependency，▶▶P214）的關係。

母女關係

母親愛女兒是毫無疑問的，只不過有時會以扭曲的方式表現。

全盤掌握女兒的母親

為滿足自己的成功欲望，使女兒變得全無自信，即使成年了，沒有母親幫忙判斷就無法做決定。

過度保護的母親

以「擔心」為由不讓孩子獨立，其實是因為自己寂寞。這種教養方式會養成女兒的依賴性。

角色顛倒的母女

母親因酒精中毒等因素無法勝任母親角色，反而需要女兒照顧。無法棄母親不顧的女兒因而背負千斤重擔。

同卵母女

「同卵母女」指母女感情好，宛如同一顆受精卵的雙胞胎，但這個詞也被用來表現母女的共依附關係，母女因共同利益而黏在一起。

3

戀父情結的女性

得不到父愛的女性，異性關係也容易出問題

對父親持續依戀的女性

在心理學理論中，稱三至五歲為性器期（Phallic Stage）。在這段時期，男童對母親特別依戀，有視父親為競爭對手的心態。奧地利心理學家佛洛伊德稱此為「**伊底帕斯情結**」（Oedipus Complex，戀母情結）。

另一方面，女童對父親有同樣的依戀，有視母親為競爭對手的心態。瑞士心理學家榮格將女童的伊底帕斯情結稱為「*****伊蕾克特拉情結**」（Electra Complex，戀父情結）。通常，女童對母親的競爭心會隨成長而絕跡，對父親的特別依戀會逐漸淡薄，伊蕾克特拉情結也會消失；但也有些女性直到成年，對父親的依戀或執著依然屹立不搖，這就是**戀父情結**。

童年時缺乏父愛

什麼樣的女性容易有戀父情結呢？就是在渴望父親感情的時期，並未獲得適度父愛的女性。

女性在童年時，需要身為異性的父親給予適度的愛，如果過度缺乏父愛，將會形成戀父情結，女兒會**缺乏自信、無法接納自己**。無法接納自己的女性，認為自己不會被他人所愛，也有無法接納他人的傾向。可以說，這種類型的

＊**伊蕾克特拉情結**　女兒對父親抱持感情，因而嫉妒母親的心理傾向。典故來自希臘悲劇，伊蕾克特拉的父親被母親殺害，於是她與弟弟殺了母親，為父報仇。

戀父情結女性，對於**沒能獲得父親的愛、無法接納自己與他人**抱持著複雜的情結。有些女性為了消除這樣的情結，走向放浪形骸，不斷交換交往對象，期待有人能接納自己。

對父親感情過深的女性中，有不少人認為同齡男性能力不足，而**被年長、深情型的男性所吸引，發展成婚外情的案例也所在多有**。

父女關係導致的問題

父親對女兒的成長與人生有什麼樣的影響呢？在此我們先討論對女兒戀愛的影響。

家庭內斯德哥爾摩症候群

被沒用的男人吸引

雖然輕視父親無能的部分，但幼兒期對父親的記憶會使女兒同情心大發，看上與父親類似的人。

遺憾症候群

走向放浪形骸

幼時，父親未給予足夠的愛，為了消除龐大的寂寞與需求，女兒即使成年了，仍對男性有過度的渴望。

4 婚前憂鬱症是如何產生的？

隨著結婚流程的進行，愈來愈忐忑不安

是否真的夠愛對方？

經過甜蜜的戀愛階段，男性提出求婚，兩人終於修成正果。但婚禮籌備的過程中，有些女性仍會煩惱猶豫，不知自己的決定是不是對的，這就是所謂的「*婚前憂鬱症」。在此時此刻，照理說應該感到幸福，但為何將結婚付諸實行時，會感到不安呢？

與所愛的對象結婚，仍會感到不安，主要有兩個原因。第一是**已習慣幸福的狀態**；人會適應環境，幸福感在習以為常之後，已不足為奇。所以，當面臨「結婚」這個人生十字路口，就會重新思考「真的會幸福嗎」？

另一個原因是荷爾蒙的變化。剛開始交往時，對對方有強烈的興趣與關心，腦內產生大量「**多巴胺**」。多巴胺又稱為「**戀愛荷爾蒙**」，會讓人在見到感興趣的事物時滿心歡喜、心中七上八下。但**隨著時間的經過，多巴胺的分泌逐漸減少，看到對方的興奮感也愈來愈少**。這樣一來，就會對對方產生煩膩、無聊的感覺。當意識到婚後將「跟這人過一輩子」，便隱隱感到不安。

環境變化時，人會感覺到壓力

人在面對快樂的事時，有時也會產生壓力。

＊婚前憂鬱症　人在等待婚禮舉行的期間，眼見婚姻生活迫在眉睫，突然感到不安與憂鬱。有時會演變成輕度憂鬱症。

美國社會學家湯瑪斯・荷姆斯（Thomas Holmes）認為，發生某件事時，人是否感到壓力，是由**那件事對目前生活或環境的改變程度決定，與當事人對那件事滿意與否較無關係**。依據荷姆斯等人的研究，結婚的壓力比好友死亡與被開除還要大，可見環境的變化也是婚前憂鬱症的原因之一。

不過，對許多人而言，婚前憂鬱症是暫時的。一般認為，這個時期可重新認識與結婚對象的羈絆關係。

婚前憂鬱症的原因

決定結婚，照理說應該幸福無比，但總覺得煩躁不安……。為什麼會這樣呢？

習慣現狀，以致沒有幸福的感覺

雖然與所愛的人在一起就會感到幸福，但若兩人在一起已成了家常便飯，就不會讓人有幸福的感覺。所以才會疑惑：在這種狀態下決定結婚真的好嗎？

對生活改變的不安

隨著婚禮的籌備，意味原本的生活方式即將改變。即使心中感到快樂，但環境的變化會帶來相當大的壓力，因此產生不安感。

5 永遠的戰爭：婆媳問題

婆婆、兒子、媳婦因「兒子爭奪戰」而形成的三角關係

已婚女性（媳婦）與丈夫的母親（婆婆）同住，經常會產生摩擦，這就是所謂「婆媳問題」。

日本婆媳問題的原因之一是，婆媳來自不同家庭，而每個家庭的習慣、觀念皆有差異。媳婦嫁進與娘家習慣不同的家庭，婆婆要求媳婦遵守自家的習慣，雙方的心理負擔應該都不小。

家庭中父親缺席

另一個重要原因是婆婆和丈夫（婆婆的兒子）的「*母子一體化」。最近，丈夫或父親等男性在家庭有存在感薄弱、權威降低的傾向。所以，現代家庭在父親缺席的狀態下，強化了兒子與母親的關係，母子走向一體化。對婆婆來說，加入其中的媳婦侵犯了她身為主婦的權限，意圖奪走她的兒子。也就是說，**兒子、媳婦與婆婆陷入三角關係**中。

要解決婆媳問題，必須好好處理母子一體化的問題。公公與婆婆、兒子與媳婦若能各自建立穩固的夫妻關係，**讓婆婆與兒子保持適當距離**，婆婆與媳婦就能確立各自的勢力範圍，也有助於建立婆媳兩名女性間的關係。

婆媳問題的惡性循環

有些婆婆虐待媳婦，是因為她也曾被婆婆虐

＊**母子一體化**　家庭關係中，母子關係比夫妻關係緊密。

待，留下**心理創傷**（Psychological Trauma）之故。有些曾被婆婆虐待的女性，在不知不覺中，「**想變得跟虐待自己的人一樣強**」。所以，當自己成為婆婆，也在媳婦身上複製自己的遭遇。這種心理可說是對欺負自己的人產生「**認同作用**」（➤P42）。並不是所有被虐待過的媳婦都會如此，但這種「惡性循環」應該也是婆媳問題的原因之一。

婆媳問題的原因

婆媳問題並不只是個人問題或外人嫁進家裡的問題。其中隱藏了更根本的原因。

母子一體化

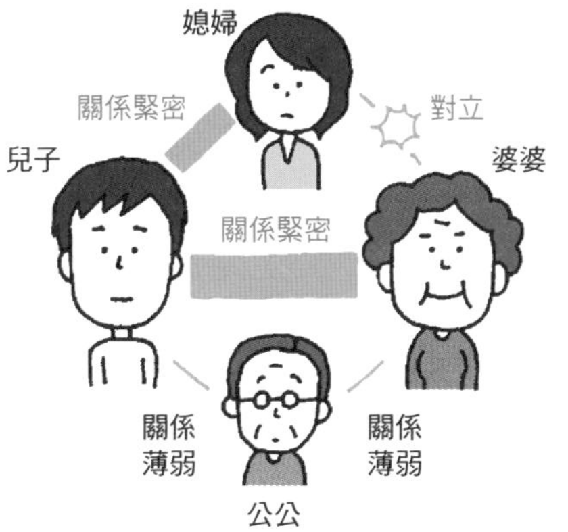
媳婦
關係緊密
對立
兒子
婆婆
關係緊密
關係
薄弱
關係
薄弱
公公

父親因工作忙碌而在家庭缺席，家中母子關係變得極為密切。母親離不開兒子，婆媳問題因此產生。

心理創傷所產生的認同作用

以前我也被婆婆虐待！
媳婦就是要聽婆婆的！

婆婆從前的婆媳關係不和，但她把當時的婆婆與如今也成為婆婆的自己重疊在一起，認同自己的婆婆。自己的婆婆當年立場強硬，她想品嚐同樣的滋味，所以也敵視媳婦。

6

產後沮喪與產後憂鬱症

因不習慣育兒生活而造成情緒不穩定，時間久了恐有憂鬱症之虞

荷爾蒙失調也是產後沮喪的原因之一

產後有時會莫名失落、心浮氣躁，或為小事哭泣。這種生產後情緒不穩的狀態稱為「**產後沮喪**」（Maternity Blue）。

不習慣育兒生活而身心俱疲、壓力與孤獨感圍繞，以及*荷爾蒙平衡的變化，都可能是產後沮喪的原因。懷孕時，胎盤會大量分泌荷爾蒙，產後胎盤排出，荷爾蒙量便急速減少。身體無法適應這樣的變化，情緒就變得不穩定。產後沮喪不是病，因為身體會漸漸習慣荷爾蒙的變化，自然復原。

產後憂鬱症若不治療，也可能愈來愈嚴重

有些人產後沮喪的症狀長久不癒，持續焦躁、失眠或暴食，這種情況就可能是「**產後憂鬱症**」。產後憂鬱症與產後沮喪雖然症狀類似，但產後憂鬱症是心理疾病，必須提高警覺。

產後憂鬱症的原因，有一部分與產後沮喪重疊，其他原因還包括**完美主義的性格**、**壓力太大**、**沒有家人**、**親戚協助育兒等**。這種情況必須在早期就進行心理諮商，若置之不理，便可能發展成重症，甚至造成虐兒等嚴重情況。

＊**荷爾蒙平衡**　雌激素（Follicle stimulating hormone；FSH，濾泡刺激素）與孕酮（progesterone，黃體素）等女性荷爾蒙量的均衡。

產後憂鬱症的症狀

大家都覺得，新生命誕生時，身為母親者理應被喜悅與充實感包圍。但生產後因荷爾蒙失去平衡，可能形成產後憂鬱症。

1 擔心嬰兒的發育而不知所措

異常擔心孩子是否過度哭泣或發育遲緩。

2 責怪自己是不及格的母親

對育兒感到茫然疑惑，又無法兼顧家事……，大家都有這種煩惱，為什麼只有自己做不好呢？

3 對丈夫與孩子沒有愛的感覺

孩子哭了仍聽而不聞，對丈夫也失去關心。

4 遇到育兒書沒教的事就焦慮不安、束手無策

發生育兒書上沒寫的事，或參考育兒書也沒用的時候，就會慌張失措。

5 身體一直無法復原

倦怠感、心情低落、頭痛、失眠、身心失調的狀況遲遲無法獲得改善。

6 對未來失去希望與夢想

對孩子成長的樂趣、夢想及夫妻的未來沒有期待，對前途感到不安。

7 生孩子後，女性就變了？

生產、育兒深深影響女性的人格形成

成人後性格仍會改變

常聽說某個女性「生孩子後變保守了」「在育兒的過程中，個性變得比較圓融」。生小孩真的會改變女性的性格嗎？

依據*人格心理學的觀點，**性格並非在出生時就完全決定，成人後也可能再改變**。美國心理學家貝提斯（Paul Baltes）提出「**終身發展**」的觀念，主張人類發展是一生的歷程。他將影響人類人格形成的主要因素分為以下三種：

①**年齡階段**：年齡增加、成長的影響。童年的影響最大，老年期仍多少有影響。

②**時代背景**：當時時代背景的影響力，如電視、網路的存在等。相同的國家、民族中，不同世代仍有性格上的差異，就是來自歷史、時代背景的影響。青少年期受的影響最大。

③**生活中非規範性事件的影響**：非規範性事件指對個人造成巨大變化的事件，如結婚、離婚、生產等。這種影響力與年齡無關。

貝提斯認為人類**人格是在這三種因素交互作用之下形成**。也就是說，與年齡無關的因素仍可能影響性格的發展。

生產、育兒使女性成長

＊**人格心理學**　研究人類性格的心理學。大略可分成類型論（Typology）與特質論（Trait Theory）兩種。類型論將性格分為數種類型，特質論則研究一個人的各種特質。

女性生產、育兒屬於以上三種影響力的第三點：生活中非規範事件的影響。生產為女性帶來許多驚喜，也有人價值觀從此改變。

生產後變得保守，應該是因為有了需要守護的新生兒。育兒讓人覺得女性個性變圓融，可能是因為在育兒的過程中，每天都有新發現或課題，面對各式各樣的狀況需要寬廣的胸襟。

女性生子後性格改變，可說是為了學習身為母親所需要素的過程。

性格的形成

性格的結構大略可分成四個層次。包括天生的部分與因應環境、狀況而形成的部分。

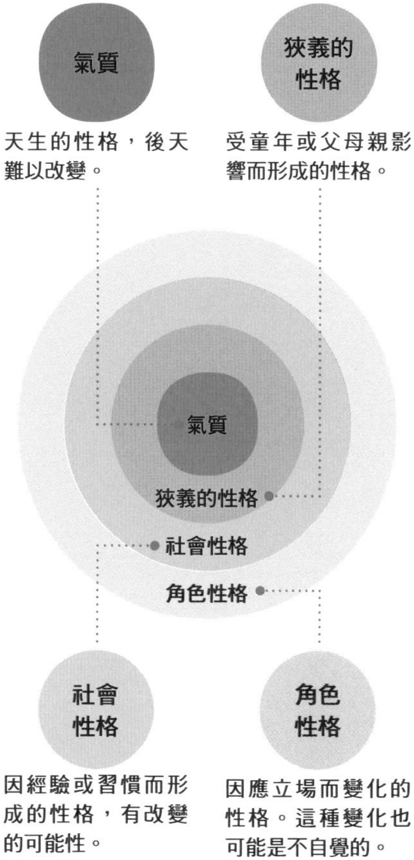
氣質
天生的性格，後天難以改變。
狹義的性格
受童年或父母親影響而形成的性格。
氣質
狹義的性格
社會性格
角色性格
社會性格
因經驗或習慣而形成的性格，有改變的可能性。
角色性格
因應立場而變化的性格。這種變化也可能是不自覺的。

性格的形成，不只受天生的「氣質」影響，也受出生到出社會後的環境影響。

8 只要孩子，不要婚姻

親和需求強的女性就算不結婚也想要孩子

不結婚也想要有家庭

一般認為，人應該先有相愛的對象，然後才會想跟那個人有愛的結晶。不過，最近有不少女性「不要婚姻，但想要孩子」。這種現象的原因，可能與以下幾種社會背景有關。

首先，**女性工作已是天經地義的事。高社會地位、高收入的女性愈來愈多**，女性對結婚對象的標準也愈來愈嚴苛。她們通常覺得「雖然想結婚，但沒有跟自己相配的對象」「與其妥協，不結婚還比較自由自在」。所以，不顧一切追求婚姻的女性愈來愈少。也有些女性曾遭男友嚴重暴力，或因男友賭博、劈腿而苦惱，使她們對婚姻態度消極。

不過，一般女性的**親和需求**（▶P47）大於男性，也會**想擁有自己的家庭**。所以，社會上的成功女性或不信任男性的女性，就可能選擇不婚，當*****單親媽媽**（Single Mother）。

家中不需要有丈夫？

男女對夫妻感覺的差異也是原因之一。

某項心理學調查中，有一題問已婚男女：「你認為夫妻是不同的個體嗎？」結果，回答「是」的女性比例較高；男性則傾向認為**結婚後，夫**

*****單親媽媽**　一個人養育孩子的女性。包括離婚、丈夫去世及未婚生子的情況。

妻應該是一體的。由此顯示，女性即使結婚，大多數仍認為夫妻是獨立存在的兩個人。

女性跟男性不同，可以自己生養孩子。或許因為如此，女性才覺得未必需要丈夫。

男女的差異　對夫妻關係的看法

夫妻間是否要積極建立關係？關於這點，丈夫與妻子的看法不同。

女性

丈夫是
另一個體
必須努力
建立關係

雖說是夫妻，但因丈夫是「獨立個體」，所以必須積極溝通，努力鞏固兩人的關係。

男性

夫妻一體
即使什麼都不說，
妻子也應該知道
我在想什麼

認為既然夫妻一體，就不需額外努力加強關係，也不需要多餘的溝通。

9 虐待孩子的母親

原因可能來自受虐經驗、人格問題或日常壓力

虐待兒童的四種類型

虐待兒童已是嚴重的社會問題。日本於二〇〇〇年實施的「虐待兒童防止法」，對虐待兒童的定義如下：

①**身體的虐待**：對兒童施加毆打等暴行。

②**性虐待**：對兒童做出猥褻行為，或使兒童做出猥褻行為。

③**放棄育兒**（*疏忽）：放棄身為保護者的責任，例如不提供孩子飲食、不照顧孩子等。

④**精神虐待**：謾罵、拒絕兒童，造成兒童的心理創傷。

壓力是虐待的起因

一般認為，虐兒有以下幾種理由。第一是施虐的**母親本身也有受虐經驗**。曾受父母虐待的人，當自己成為父母，潛意識中會想變得跟以前的施虐者一樣「強大」，於是就刁難孩子。這是對**施虐者的「認同作用」**（▶P42）。

其次是施虐者的人格有問題，想法、判斷、行為都與常人相去甚遠，所以並未與周遭建立人際關係。在這種壓力之下，就對孩子暴力相向。「*代理孟喬森症候群」（Münchausen syndrome by proxy，MSbP、MSP）患者虛構子

＊**疏忽**　父母身為保護者，未滿足子女的衣食住等需求，子女生病也不帶去就醫等行為。

女病狀，因過度需要他人注意，甚至犧牲子女來滿足自己的需求。

此外，有些人並非人格有問題，而是**因日常生活的壓力**而虐兒。例如妻子**對丈夫不滿，為發洩壓力**就虐待孩子。在日本，母親施虐的案例特別多。因為由母親守護家庭的風氣仍根深蒂固，母親長時間獨自育兒，造成極大壓力，可能也是施虐的原因之一。

虐待兒童的例子

虐待兒童已是嚴重的社會問題。虐待的方式形形色色，都會對兒童造成巨大的心理創傷。

放棄育兒

放棄對孩子的基本養育，如不給孩子食物、不照顧孩子、長時間置之不理等。

身體暴力

拳打腳踢，使孩子疼痛或受傷。大都以教養為藉口。

精神暴力

忽視或否定孩子的存在、態度輕蔑、恐嚇等，以言語暴力來傷害孩子。

性暴力

對孩子做出猥褻行為，或要孩子看猥褻的事物、強制性交等。

＊**代理孟喬森症候群**　施虐者希望他人看到自己是個偉大的母親，會照顧生病的孩子。因為壓抑不了這樣的扭曲欲望，就做出傷害自己孩子或造成孩子生病等行為。是佯病症的一種。

10 工作與育兒可能兼顧嗎？

從社會與現實的角度來看難以兩全其美，必須有親屬的支援

雙新家庭妻子的育兒負擔大

日本從一九八六年，男女雇用均等法實施以來，女性工作人數愈來愈多，但產後婦女繼續工作的比例始終無法提高。依據厚生勞動省二〇〇五至二〇〇九年的資料，第一個孩子出世後，繼續就業的婦女比例只有百分之三十八。

日本育兒期婦女就業率低的理由之一是社會觀念的問題，**多數人對家有嬰幼兒的女性就業仍持否定態度**。丈夫或夫家人以「*三歲兒迷思」為由反對女性就業的案例，目前仍然不少。

此外，還有**托兒所等托育設施不足**、**多數職場仍對育兒女性不友善**等因素。

現實的情況是，雙薪家庭妻子的育兒負擔極重。美國社會學家亞莉．霍希爾德（Arlie Russell Hochschild）認為，雙新家庭中的丈夫若幾乎不做家事，女性下班後，晚上還必須輪家務的「第二班」，她稱這種現象為「**第二輪班**」（The Second Shift）。在這樣的環境，育兒女性對繼續工作持消極態度，也是不得已的事。

要兼顧工作與育兒必須有親屬支援

如第一段所說，比其從前，女性就業率提高、教育程度上昇，其中也有女性想提升自己的技

*三歲兒迷思　「孩子三歲前，最好由媽媽自己帶」的想法。已有科學研究加以否定。

能。這樣的女性因生產而辭職，內心自然會糾結。依據不同職業女性的育兒意識調查，**比起就業母親，全職媽媽對育兒感到不安與壓力的比例較高**。

如果多數女性為育兒的辛苦、兼顧工作與家務的困難而飽受折磨，虐待嬰幼兒等嚴重問題便有增加之虞。因此，丈夫、家人、親戚協助家事與育兒，促進女性繼續就業，是非常重要的事。

第二輪班的妻子們

美國社會學家霍希爾德將女性為工作、家務、育兒而蠟燭兩頭燒的現狀稱為「第二輪班」。

第一班
在公司工作
1st
自治組織幹事
第二班
2nd
家務、育兒、
照顧丈夫等家中的工作

職業婦女白天在公司工作，下班後又要立刻換班做家裡的工作，彷彿連續輪班。回家後不能放鬆休息，而是被家務、育兒壓得喘不過氣。將來若需要照顧父母，可能還有「第三輪班」。

11 教育媽媽*的野心

對子女堅持己見，是為了消除對家庭的不滿或自卑感

不是為了孩子，而是為了自己。

有些對教育異常熱心的母親，即使自己沒有察覺，但其實**對自己的現狀並不滿意**，對生活缺乏充實感。為補足這些不滿，便把心全放在孩子身上，這在心理學叫做「***替代行為**」。把育兒當做替代行為，無法帶給孩子好的影響；因為母親的過度干涉會**阻撓孩子心理成熟，使孩子無法獨立，形成自戀的性格**。

熱中教養是為了自己？

父母希望孩子出類拔萃、生活幸福，是理所當然的事。所以有些母親實行菁英教育，從小就讓孩子上補習班，學習各種才藝。孩子不但要用功讀書，還得上運動、鋼琴課……。對於孩子在學校成績優秀、活躍於各種比賽與成果發表會，母親既高興又擔心。母親對孩子的這些期待雖與孩子意志無關，但從旁人的眼光來看，相當令人驚嘆。如果問這些母親為何做到這種程度，她們應該會回答「是為了孩子著想」。但實際上，在某些母親心中，做這些事

母親把孩子視為一體

母親為了讓孩子比賽得獎，或進入高升學率名校而拼死拼活，可能是基於「認同作用」

＊**教育媽媽**（日語：教育ママ）是日本現代社會對某種母親形象所使用的貶義詞，這種母親會無情地驅使自己的孩子讀書，導致孩子的身體和心理發育受到損害，亦對家庭關係造成影響。

（▶▶P42）的心理。

依據美國心理學家布拉德・布希曼（Brad Bushman）的研究，母親愈把孩子當作自己的分身，就愈容易覺得孩子的成功等於自己的成功。她們不只希望孩子唸書成績優秀，還**希望孩子能實現自己未完成的夢想**。如此，也許就能**擺脫對自己不成功的自卑感**。

有這種想法的母親，可能會對孩子產生依賴性，使親子關係不健康。為滿足自己的欲望而對孩子過度期待，是非常值得討論的課題。

母親的替代行為

期待孩子代替自己完成夢想、藉以消除自卑感的母親，可能多到令人意外。母親這種行為可能會抹煞孩子的個性。

補習班、學才藝

↓

認同作用

母親會因養出成績優秀、運動神經發達、音樂品味高的孩子而自鳴得意。

演藝活動

↓

從前的夢想

對光鮮亮麗世界的憧憬、被眾人捧在手心的夢想，無論如何都想要實現。

服裝

↓

把孩子與自己重疊在一起

因為年齡、體型或經濟因素，自己無法享受打扮的樂趣，所以對孩子的服裝特別講究。

＊**替代行為**　原本的需求、願望無法滿足時，想藉由替代的對象、方法來滿足該需求或願望。

12 *媽媽朋友真的是朋友嗎？

容易理解彼此的感受，但也容易激發嫉妒心與自卑感

競爭關係包括孩子在內

有同齡孩子的母親之間，因為有同樣的心情體驗，容易理解彼此的感受。媽媽朋友間能交換辛苦的經驗談與育兒資訊，而成為彼此鼓舞的夥伴。

不過，媽媽朋友並不是擁有相同價值觀或性格合得來的朋友。她們友情的建立完全以孩子為中介，隨著孩子的成長，就會出現不同的狀況與思考方式。此外，她們之間還有與普通朋友不同的競爭心態。

同為「小孩的媽媽」，**更容易產生互相比較的情況**。一般朋友間的競爭，競爭對象只有彼此本人，但**媽媽朋友之間的競爭關係還包括孩子（可能還有丈夫）**，所以更容易激發嫉妒心與自卑感。

美國心理學家亞伯拉罕・泰瑟（Abraham Tesser）說明朋友間的「***比較歷程**」。朋友的成功若與自己的領域不太相關，就會誠心祝福朋友，並覺得與有榮焉。但若朋友的成功領域和自己高度相關，而自己並沒有那樣的成就，就會因此自尊受損，無法真心替朋友高興。

以說媽媽朋友的壞話來維持自尊

* **媽媽朋友**　日本大部分女性仍會因為婚姻而辭去工作，而因待產、育兒、家務占滿生活的全職主婦，為了交換資訊、情感上的相互取暖、消解壓力等目的會組成這樣的團體。

對某個媽媽朋友感到嫉妒或自卑時，就會在團體中說她的壞話。毀謗媽媽朋友的目的，與其說是指責她，不如說是**維護自己的自尊**。因為在團體中容易受到同情，也能讓內心安定，傾吐心聲還有**宣洩**（▶P243）的作用。

媽媽朋友的友情比單身時代的友情更加錯綜複雜。雖有互相幫助的好處，但壞處就是令人嫉妒或自卑的對象也增加了。媽媽朋友的優缺點可說是互為表裡。

媽媽朋友的比較對象

人的自我評價深受與他人比較的影響。大多數人的比較對象是身邊的朋友，不過單身與婚後的比較對象會有所差異。

單身時與朋友的比較歷程

自己
朋友

自己與朋友一對一的關係。無論工作、戀愛、收入等，完全是個人間的比較。

與媽媽朋友的比較歷程

自己與家人
媽媽朋友與家人
中小企業
一流企業
學歷
才藝
收入
考試

媽媽朋友的友情是透過孩子而建立，所以比較對象並非個人，而是整個家庭。

＊**比較歷程**　關係親近的朋友成功，會使人產生複雜的心理。如何看待朋友的成功，將決定你是要稱讚他或為了維持自尊而中傷他。

13

無性婚姻是怎麼形成的？

夫妻的感覺變得像家人，或因累積不滿而討厭對方

覺得性行為彷彿亂倫

日本性科學會對無性婚姻的定義是「**沒有特殊原因，夫妻間超過一個月沒有合意性行為或性接觸**」。

二〇一二年，日本家庭計畫協會的家庭計畫研究中心進行「第六次男女生活與意識調查」。結果顯示，已婚男女中，**超過一個月沒有性行為的夫妻占四一・三%**，打破過去的最高紀錄。

無性婚姻最主要的原因是，**夫妻間的感覺不像配偶或伴侶，比較像親子或兄弟姊妹**。尤其是感情愈好，關係愈*黏纏（Fusion）的夫妻，婚後不久，就會覺得**做那件事彷彿亂倫**。

也有夫妻在孩子出生後就不再有魚水之歡。有了孩子後，丈夫變成爸爸，妻子變成媽媽，夫妻彼此也覺得對方就像自己的父母親一樣。**開始扮演爸媽的角色後，親密關係就轉為平淡**，性行為也成禁忌。

以拒絕性行為表達對伴侶的憤怒

無性婚姻的另一個可能原因，就是在**生伴侶的氣**。這不只是表面的問題，而可能是**每次小小不滿的累積，最後演變成嫌惡感**。尤其女性會因為瑣事而在生理上排斥伴侶（▶▶P84），

＊**黏纏**　搞不清楚特定對象與自己的關係界限在哪裡，而認為對方的情緒、問題都是自己的事。這種關係容易產生束縛或干涉等問題。

導致夫妻沒有性生活。

無性婚姻的導火線也有可能是對方的習慣或某句傷人的話。若經年累月遭受這種壓力，又沒有機會反抗，就會演變成強烈的嫌惡感。如此一來，女性就會對丈夫的碰觸產生抗拒心理，甚至連待在同一屋簷下都覺得討厭，性行為就更別提了。

無性婚姻還有一種情況，就是**對對方有罪惡感**時，因為心中感到抱歉，而無法跟對方親熱。

男女的差異

無性婚姻的形成因素

無性生活是夫妻間的煩惱之一。不只中高齡夫妻，連年輕夫妻也有這種問題。

女性

覺得對方像親人

生產後因荷爾蒙平衡的關係，性慾降低

因平日的不滿，導致生理上抗拒

男性

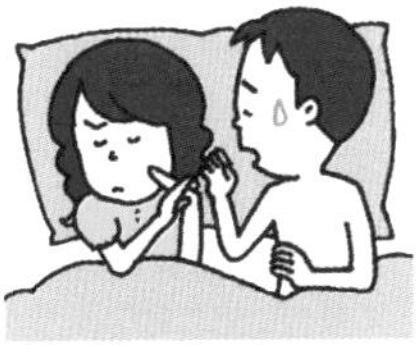

妻子因育兒而心力交瘁，拒絕行房

因工作忙碌或壓力大而心有餘力不足

「妻子」變成「媽媽」，以致性趣缺缺

14

罹患夫源病的妻子

病源來自丈夫不經意的話與態度

丈夫的言行讓妻子生病

所謂「夫源病」，如同字面的意思，就是**丈夫言行所引起的女性疾病**。因為丈夫不經意的話與態度，使妻子焦躁不安，出現**心悸**、**頭痛**、**失眠等類似*更年期障礙的症狀**。

夫源病並非醫學上的疾病名稱，但可能因更年期障礙而引發或惡化。

丈夫的哪些言語、行為可能導致夫源病呢？

①無論妻子說什麼，丈夫都說「我累了」來逃避話題。妻子說話時，總是心不在焉。

②妻子不方便的時候，還指使她做東做西。

③家事全交給妻子，完全不分擔。

④以命令的語氣說話。

⑤退休後時間變多，纏著妻子不放。

丈夫若持續如此，將使妻子的夫源病惡化，可能導致熟年離婚。

容易罹患夫源病的妻子有幾項特徵：對工作或家事總是一絲不苟，絕不敷衍了事，再累也不叫苦；責任感強；無法反駁他人意見等。這種**「賢妻良母型」的人，會忍受對丈夫的不滿，逐漸累積壓力，所以罹患夫源病的機率較高**。

***更年期障礙**　因保護女性身體的女性荷爾蒙減少，中高齡女性經常出現耳鳴、暈眩、頭痛、心悸等症狀。

空巢症候群的影響

夫源病的主要原因是丈夫的言行，但也可能是「**空巢症候群**」的影響。空巢症候群指父母因子女長大獨立，搬出家裡，建立自己的家庭而心情低落、全身沒勁。失去「育兒」這項生命的意義，跟丈夫關係又不好，可能使夫源病引發或惡化。

引發夫源病的丈夫言行

最近愈來愈常聽到「夫源病」這個詞。夫源病會導致妻子出現類似更年期障礙的症狀。這種病跟丈夫的哪些言行有關呢？

對妻子的過失破口大罵

以高壓的說話方式表達憤怒，連忘記買東西這種小事也罵不絕口。

連「謝謝」都不會說

連日常寒暄都沒有。飽餐一頓後，不會說「多謝款待」，當然也不會稱讚妻子做的菜好吃，出門也不會講一聲。

妻子跟丈夫商量事情，丈夫從不認真聽

跟丈夫說話，他總是漫不經心，對妻子的意見嗤之以鼻，態度輕蔑。

在外裝好人，在家擺臭臉

在外演出「好老公」的樣子，在家對家人卻總沒好臉色。

15

無法離開家暴男

暴力後展現溫柔，使女性離不開

陷入共依附的家暴受害者

日本在二〇〇一年家暴防止法實施以來，一直隱藏在幽微之處的**家庭暴力**（Domestic Violence；DV）問題，才逐漸浮出檯面，為世人所知。所謂家庭暴力，是指**夫妻或情侶間發生的家庭內暴力**。除了肢體暴力，還包括言詞攻擊等**精神暴力**、強迫性行為等**性暴力**，以及不給生活費等**經濟暴力**。

家暴受害者大多數是女性。有些遭丈夫或男友家暴的女性，不管受到多少危害、損失，總是離不開對方。因為**加害者通常會在施暴後展現「溫柔」的一面**，只要對方在施暴後道歉、乞求原諒，受害者就會相信「他已經在反省、他是愛我的」「他不能沒有我」。這種狀態若長久持續，兩人就會形成「*共依附」的關係，無法輕易分開。陷入共依附的女性，會覺得**家暴證明了自己與對方的關係依然維持**。

受害者不只是弱女子

也有些家暴受害者認為「只要我忍耐，他很快就會停止」。但事實上，不抵抗只會讓家暴男變本加厲。

最近也有女強人遭家暴的案例。高學歷、高

＊**共依附**　在某個特定對象身上發現自己存在的意義，因而對兩人的關係產生依賴。

社會地位的女性，因為擁有克服人生種種障礙的經驗，**認為家暴也可以靠自己的力量克服**。不過，對方仍繼續以家暴換得內心的平靜，女性要平息家暴根本是痴心妄想。

局外人大都難以理解家暴受害者與加害者間所建立的特殊關係。因此，要擺脫家暴，需要外部強制介入。

家暴循環與共依附

家庭暴力是絕對不能容許的事。家暴受害者與加害者形成共依附的關係，會使狀況更惡化。

爆炸期

壓力到達頂點的施暴時期。無法抑制暴力衝動的狀態。

緊張期

壓力累積時期。男性處於敏感、一觸即發的狀態。

蜜月期

男性壓力已藉由暴力抒發，對女性的態度也變得溫柔。

因為有蜜月期的存在，女性會認為家暴男「其實是個溫柔的人」「只有我能跟他在一起」

形成共依附的關係

不僅男性依賴女性，女性也被這段人際關係所俘虜，依賴這個賦予自身存在意義的男性。認為若沒有自己，這個男的就完蛋了。

16 決心熟年離婚的妻子

步入中高齡的夫妻因想法差異而離婚

女性為追求個體化而提出離婚

有些妻子在丈夫屆齡退休，在家時間變多的時候提出離婚，稱為「熟年離婚」。為何夫妻為導致如此呢？根據某項調查，丈夫以工作為中心的夫妻，丈夫對妻子的愛情高於平均值；相反地，妻子對丈夫的愛情低於平均值。丈夫認為自己為了所愛的家人拚命工作；但妻子認為，**如果愛家人，就應該多把時間花在家人身上、好好經營夫妻關係**。這種長年的觀念差異，可能就是熟年離婚的因素。

人邁入中高齡，夫妻對過去與今後的人生都各有所思。

此時的丈夫，因為認為自己「在工作上不斷努力，已獲得相當成果，也有好好養家，目標已達成」，心中擁有某種程度的滿足感。但另一方面，許多妻子心裡想的卻是「今後要過自己的人生」。瑞士心理學家榮格所提出的中年到老年期的心靈課題——**個體化**（做自己，好好運用自己潛在的特質與能力），女性想要好好完成。

丈夫工作的期間，這樣的認知差異尚未在夫妻間形成問題；但到了子女離家獨立、丈夫接**近退休年齡時，其間的裂痕已到無法修復的地步**，問題也浮上檯面。

空巢症候群也是離婚原因之一

熟年離婚的理由可能還包括女性的「**空巢症候群**」（➡P213），以及因使用過多心力於育兒而引起的「*工作倦怠」。

當育兒工作功成身退，而丈夫始終置身事外，有些女性會因此感到內心空虛，陷入抑鬱的狀態。有些為家庭奉獻一切的女性引發工作倦怠，情緒瀕臨爆炸，便開口提出離婚。到了這個地步，夫妻關係就不可能挽回了。

妻子與丈夫的內心時間表

雖然夫妻間理應相知甚深，但實際上，在婚姻生活中，兩人心中時間表的差異與日俱增。

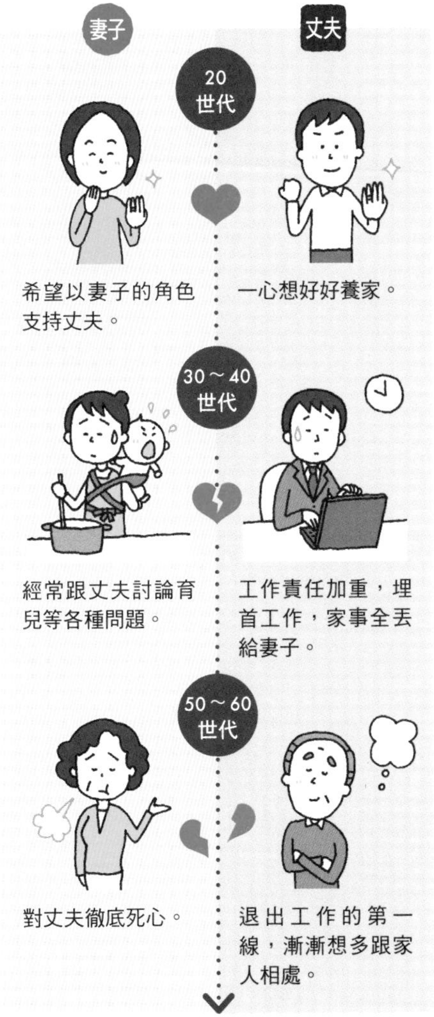
妻子
丈夫
20 世代
希望以妻子的角色支持丈夫。
一心想好好養家。
30～40 世代
經常跟丈夫討論育兒等各種問題。
工作責任加重，埋首工作，家事全丟給妻子。
50～60 世代
對丈夫徹底死心。
退出工作的第一線，漸漸想多跟家人相處。

＊**工作倦怠**　全心在工作中埋頭苦幹的人，因為過度燃燒自己，精神、體力都已消耗殆盡。

17 丈夫去世仍朝氣蓬勃的妻子

溝通能力強的女性即使丈夫先走一步，仍能快速恢復元氣

丈夫去世，女性損失不大

伴侶先走一步，任何人都會痛徹心扉。不過，丈夫和妻子的情況略有差異。

依據日本國立社會安全計畫與人口問題研究所的「人口問題研究」，**妻子先離世的男性平均餘命少了四．一一歲，丈夫先離世的女性平均餘命則只少一．九六歲**。為什麼會有這樣的差異呢？

在日本，多數家庭還是男主外、女主內。所以，如果妻子去世，丈夫除了在精神上受打擊外，營養、衛生方面的品質也會下降，可能影響到健康。如果是丈夫先去世，精神面姑且不論，對妻子而言，現實上只有經濟會發生困難。若有年金或保險，便可舒緩經濟問題；**若能因此使精神振作，女性在丈夫死後的生活，可說與從前並無二致**。

「自我揭露」有助恢復活力

此外，相較於男性，女性平日便**與周遭保持較緊密的關係，這也是女性較快恢復活力的主要原因**。

女性語言中樞發達，經常與朋友、家人、鄰居對話，對「*自我揭露」（Self-disclosure）更

*自我揭露　向他人表達自己的私事或真實情緒。有助於人際關係的建立與維持。

是自在。女性與周遭談心之後，心情會漸漸開朗起來，克服丈夫死去的打擊。相反地，男性不願意讓人看見自己脆弱的一面，**通常自我揭露的對象只有妻子，所以如果妻子先走，會使丈夫陷入極度消沉**。

而且，許多女性自丈夫走後，開始追求「**個體化**」（▶P216），挑戰從前沒辦法做的事、培養新興趣。因此，女性在丈夫死後不會悲傷太久，而會繼續活得生意盎然。

男女的差異

與另一半死別後

伴侶的死亡會帶來極大的失落感。形單影隻的妻子或丈夫會走向什麼樣的人生呢？

女性

日常生活變化不大。

以「個體化」為目標，挑戰新事物。

有朋友聽自己訴苦，能比較快走出悲傷，恢復元氣。

男性

以前全交給妻子，現在要自己做。

退休後，除了工作以外，沒有想做的事。

唯一會自我揭露的對象走了，整天都鬱鬱寡歡。

column

5

女性常見疾病

憂鬱症、阿茲海默症是男女都會得到的疾病。可是其實這兩種疾病患者都以女性較多。

女性常見疾病 1

憂鬱症

一種身心活動降低的精神疾病，患者心情會嚴重低落、稍微動一下就精疲力盡。

腦部與荷爾蒙的影響

「**壓力**」是憂鬱症的原因之一。女性左右腦緊密合作，只要感覺到**恐懼等情緒**，就會**影響腦部整體**。所以，女性很**容易受到情緒壓力**。

據說，女性荷爾蒙「**雌激素**」（▶P19）**與憂鬱症的發生有關**，而男性荷爾蒙「**睪固酮**」能有效抑制憂鬱。或許因女性體內睪固酮較少，所以罹患憂鬱症的人比男性多。

憂鬱症症狀

不管做什麼都不快樂

即使做自己喜歡的事也沒有快樂的感覺，反而覺得空虛。

自尊心降低

有「這個世界沒有我也無所謂」的想法。

失眠等身體失調

除失眠外，還有頭痛、想吐、進食障礙等身體失調的狀況。

女性常見疾病 2

阿茲海默症

失智症的一種，患者認知功能降低，容易忘東忘西、什麼都記不住。多於老年期發病。

關鍵是「海馬迴」的運作

「**阿茲海默症**」會出現嚴重的「健忘」症狀。人類記憶由腦部的「**海馬迴**」掌管，而**女性的海馬迴比男性大**。雖然尚未證明，但據說海馬迴的大小與阿茲海默症發病有關。

此外，據說女性荷爾蒙「雌激素」（▶▶P19）使海馬迴運作活躍，但雌激素隨著年齡增長而減少，也被認為是阿茲海默症的原因之一。

女性常見疾病 3

偏頭痛

只發生在頭部單側的頭痛。除了一陣陣的疼痛，有時還會想吐。

荷爾蒙等各種因素

偏頭痛就像心跳一樣，是搏動性的疼痛，就像血管一跳一跳的感覺。許多女性會因為疼痛而注意力無法集中，無心工作與家事。偏頭痛可能持續幾小時或幾天，發作時會痛苦不堪。

一般來說，**壓力**、**失眠等生活環境因素**是偏頭痛的原因之一。但在排卵期、生理期、閉經期也常見偏頭痛的症狀。所以一般認為，**偏頭痛可能與「雌激素」的減少有關**。

女性常見疾病 4

更年期障礙

情緒不穩定、心情低落、心浮氣躁的情況增加。雖然在女性身上較常見，但男性也會發生。

小心壓力來襲

女性從五十歲左右開始到停經前，約有十年時間。這段時間稱為「**更年期**」，「**更年期障礙**」就是在此時發生。因為女性荷爾蒙「雌激素」（▶P19）減少，身心會出現各種失調的狀況。

女性荷爾蒙守護女性身體，不只掌管月經等生殖機能，也有保護血管、皮膚的作用。一般認為，**女性荷爾蒙降低與身心失調有關**。此外，更年期障礙一般也與壓力有關。

更年期障礙的症狀

腰痛、關節痛

有時也會肩膀酸痛和頭痛。

心情低落

沒幹勁、情緒化。

熱潮紅

感覺頭部充血發熱、出汗。

心悸

有時也會暈眩。

女性長壽的原因

據說女性荷爾蒙「雌激素」會影響膽固醇的分泌程度，有預防心臟病的效果。此外還有一說，就是動物的壽命由維持生命所使用的能量決定，女性因使用的能量比男性少，所以壽命也相對較長。

第6章

所謂「女性特質」的心理

1 擅長說謊

對有關自己的謊言特別拿手

說謊面不改色的女性

妻子指責丈夫：「你的西裝襯衫上有口紅印！」丈夫故作鎮靜地說：「應該是在電車上沾到的吧……」隨即露出馬腳。女性不同於男性，對說謊十分在行。美國心理學家魯道夫．艾克斯坦（Rudolf Ekstein）的實驗證明了這一點。

這個實驗有多名男女受試者，重複進行以下步驟：讓兩名男女對話，原本說真話，中途改為說謊。結果顯示，說真話時，注視對方臉部的時間比例，男女平均為六六．八%。開始說謊後，男性注視對方臉部的時間減少了六%，女性則增加了二%。這表示男性在說謊時，容易因為心虛而不敢正視對方；相反地，**女性即使說謊，仍能直視對方，臉不紅氣不喘**。

太愛說謊可能是空想謊語症

謊言的種類五花八門。女性常說的謊言有哪些呢？第一種是「**自我表現的謊言**」。女性常為了引人注目而說謊，如「我有很多名牌貨」、「有名的店我幾乎都去過」等。一般認為，女性比男性擅長「**自我揭露**」（▶▶P218），容易滔滔不絕地說出關於自己的謊言。第二種是「體貼的謊言」，說這種謊是為了不傷害對方。例如，看到對方的某件東西，明明心裡覺得不可愛，還是有辦法笑容滿面地說：「好可愛！」女性往往會因為不想讓人失望而附和對方，造成說謊的結果。

人或多或少都會說謊，但如果太常說謊，則有「*空想謊語症」的可能性。例如說自己「跟名人交往」、「父母是富豪」等，把現實、幻想及願望混在一起，且相信自己所說的是事實。**虛榮心強、自我中心、易隨波逐流、不成熟的**人容易有此症狀。

各式各樣的謊言

謊言形形色色，從包藏禍心到出於體貼都有。一般來說，謊言有哪些種類呢？

自我表現

為展現自己而說謊，如「我有很多名牌貨」。

社會認同

為獲得社會認同而說謊，如「我考過了一大堆證照」。

幻想

近乎幻想的謊言，如「我看得見人的光環」「我看過飛碟」等。

防禦手段

失敗、出錯時為保護自己而說謊，如「因為電車誤點才會遲到」。

預防手段

為避免想像得到的麻煩而說謊，如「我有事，所以不能出席」之類。

體貼

為了不傷害對方而說謊，例如對方明明表現不理想，卻對他說「你做得非常好」。

＊**空想謊語症**　把虛構的事說得像真的一樣，還會詳述細節，說得栩栩如生。因為太逼真，有時也騙得過社會經驗豐富的人。

2 對八卦敏感

閒言閒語是女性溝通的工具

從狩獵採集時代就喜歡八卦

俗話說，「三個女人等於一個菜市場」。如果有三個女人聚在一起聊天，不一會兒就會八卦滿天飛。

女性鬥性本來就不如男性強，處事比較平穩、具協調能力。對女性來說，說長道短可說是**社會溝通**的手段。美國溝通學教授蘇珊・哈芬（Susan Hafen）表示，「對於並非直接認識的人，閒話是理解他的重要方法」。更進一步，我們還能透過說長道短，了解談話對象的想法與性格特質，這些資訊能使人際關係更順利。

此外，女性左右腦互動頻繁，能夠靈活組織好幾項資訊、多方面掌握事物。所以，也把八卦視為珍貴的資訊來源之一。

女性愛蜚短流長並非從現在才開始，而是從人類演化史中傳承下來的。在男性負責狩獵，女性負責採集、育兒的時代，負責看家的女性就會聚在一起，從「*井戶端會議」交換訊息，彼此串通勾結，以保護自己。

八卦也有抒解壓力的效果

講八卦還有其他好處。

人在說三道四時，身體會釋放多巴胺等腦部

＊**井戶端會議**　從前的日本，女性會聚集在共用的井旁聊天或講八卦，所以女性聚集聊天又稱為井戶端會議。

化學物質，**有緩和壓力功能的孕酮（黃體素）濃度也會隨之上昇**。也就是說，**八卦有發洩壓力之效**。講八卦時，平時的攻擊性與嫉妒心就能宣洩一空，挫折也因此消除。

雖然八卦是女性重要的溝通工具，但也要小心，缺乏可信度又不用負責任的八卦容易鬧得滿城風雨。時間久了，謠傳就會產生可信度，進而變成事實，稱為「**睡眠者效應**」（Sleeper Effect）；如果處理不好，還會破壞人際關係。

不可思議的睡眠者效應

八卦雖無可靠來源，但在不知不覺間，會被講得像真的一樣，可信度會隨著時間的經過而提高。

最初聽到時

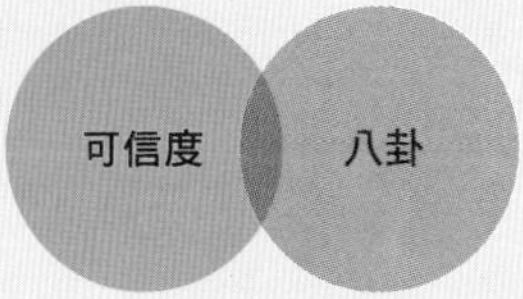

八卦內容可信度低
「難以相信」

↓

時間久了

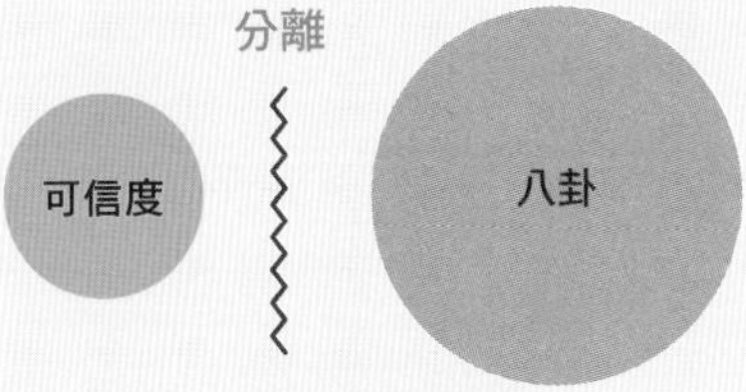

八卦來源被人遺忘，
只有八卦內容留在記憶中
覺得「可以相信」

睡眠者效應

隨著時間的經過，人們愈來愈在意八卦是否有趣，而非是否可信。彷彿一覺醒來，八卦突然就變成真的，所以稱為「睡眠者效應」。

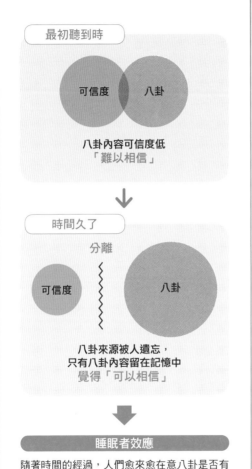

3 跟陌生人熱絡交談

女性希望得到他人的傾聽與肯定

女性喜歡講心事

女性常在電車上或醫院等候室等地方，與陌生人熱烈地談天說地。女性為什麼會這樣呢？

其中一個原因是，女性比男性更容易「**自我揭露**」（▶▶P218），會講自己私人的事情，如「我來自北海道」「我對做菜很有興趣」等。對方就會以「她都告訴我了，那我也跟她說吧」的心情繼續對話：「啊！我也喜歡做菜！跟你一樣！」另外還有一個原因，就是在腦部構造上，女性**語言能力較強，能行雲流水般迸出一個又一個話題**。

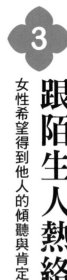

希望他人肯定自己的人生

女性聊天有幾個特徵。首先，男性幾乎無論何時，都以工作、興趣為主要話題，而女性的談話主題會依不同年齡階段而改變。單身時，談的是美食、服裝、流行、異性等，婚後則談丈夫與家人，若有小孩，育兒話題就會倍增。到了中高齡，不少人會對陌生人談論自己的人生。也許是因為到了這個年齡，**對於自己的人生是否走在正確道路上，感到有些迷惑，所以想找個人聊聊，希望對方能肯定自己**。同樣的內容如果對自家人說，他們可能會覺得「又來了」；而對外人說，他們可能會仔細聆聽並給予肯定，所以對陌生人反而容易開口，這叫做「*陌生人效應」（Stranger Effect）。

女性聊天還有一個特徵，就是愈孤獨的人，愈只想說自己的事。因為想傾吐孤獨感，希望他人能理解、認同自己。

一般認為，女性會以聊天的方式，滿足受他人肯定的需求。

正因為是陌生人，才能訴說自己的人生

照理說，跟感情好、熟悉的人才能暢談人生。但很意外地，有時對陌生人反而比較容易啟齒。

發生在自己身上的事

有時身邊會發生一些事，無論這些事是喜是悲，都很難向人說出口。

↓

好想找個人說說！

想找個人聊聊所發生的事實，以及自己對這件事的情緒與想法。

↓

對陌生人比較容易說出口

不認識的人比較不會否定或指責自己，所以就不知不覺向他吐露心聲。

陌生人效應

相較於認識自己的人，人們更容易對從未聽過類似話題的陌生人自我揭露（▸▸P218），或傾吐自己的人生。

＊**陌生人效應**　關於自己人生的話題，對陌生人比對熟人容易開口。

4 能一心多用

男女能力的差別來自腦部差異

「為什麼沒聽到？」

夫妻兩人一起看電視時，太太說：「今天去學校的家長教師聯誼會，老師說，下個月開始，也希望爸爸們能協助學生社團活動。……知道了嗎？」

丈夫：「啊！你說什麼？」

太太：「我講了半天，你居然都沒聽到！？」

大部分的家庭應該都出現過這種場景吧！妻子能邊看電視新聞，邊說無關的話題，認為丈夫理所當然也是如此。但是，男性很難一心多用。

這是＊男女腦部的差異所致。大腦分為左腦與右腦，左右腦由「**胼胝體**」與「**前連合**」這兩種神經纖維連結在一起。我們已經知道女性的胼胝體比男性厚，前連合比男性大，亦即**女性的左右腦能交換更多訊息**。因為在相同時間內，**女性能使用的腦部區域較廣，所以能同時思考、實行好幾件事**。

此外，靠近枕葉（Occipital Lobe）的胼胝體壓部（Splenium）是交換視覺、聽覺、語言訊息的部位，女性這個部位的形狀比男性圓，也比較凸，**證明女性的耳朵、眼睛有同時處理數種訊息的優秀能力**。

＊**男女腦部的差異**　男女特質、心理、行為的差異，大部分來自腦部結構與機制的不同。

多工能力也適用於育兒

女性腦能夠一心多用，可說非常適合育兒。母親必須邊照看得隨時緊盯的嬰兒，邊打掃、洗衣、做菜。若短暫得空，還可以看一下電視、電腦或打電話。而男性腦只能全神貫注於一件事，很難像女性般靈活掌握多種任務。一般認為，正因為女性腦擁有多工能力，才能在家事與育兒間穿梭自如。

男女的差異
胼胝體與前連合

男性腦只能聚精會神於一件事，女性腦則能眼觀四面、耳聽八方，差別在於男女的胼胝體與前連合不同。

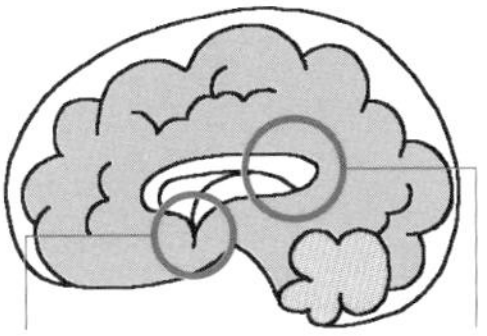

前連合
連接左右部分顳葉的纖維束。

胼胝體
連接左右大腦半球的神經纖維束。

女性

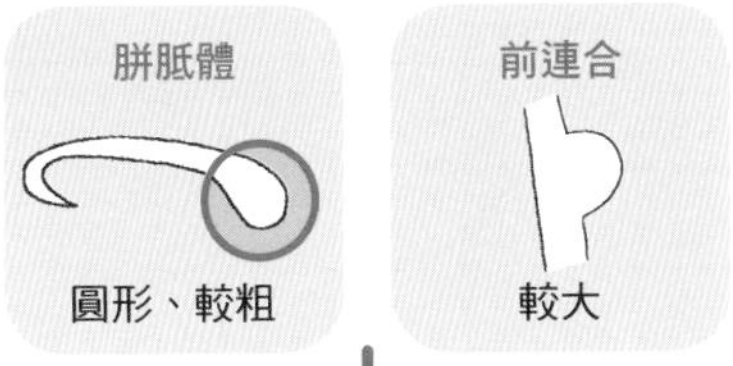

胼胝體
圓形、較粗
前連合
較大

左右腦訊息交換活躍
兩邊的腦運用自如，擅長同時並行多種任務

男性

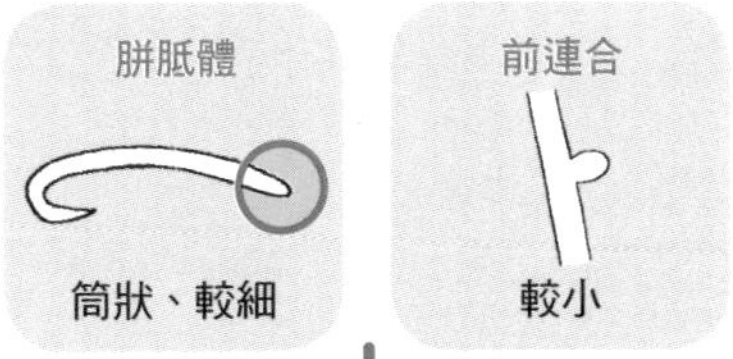

胼胝體
筒狀、較細
前連合
較小

左右腦很少交換訊息
只使用單邊的腦，專注力強

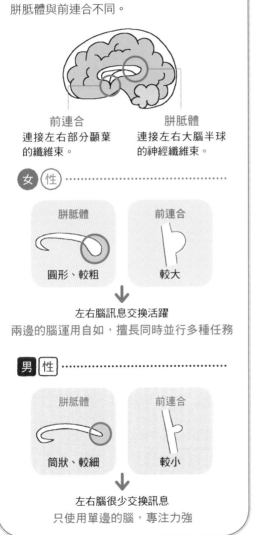

5 擅長說話，也擅長理解別人的話

女性語言活動神經細胞的密度高於男性

大腦有兩個有關語言活動的部位，一個是位於額葉（Frontal Lobe）後下部的「**布洛卡區**」（Broca's area），負責「自己說話時的語言處理」，如果此部位受損，會影響到說話的流暢度。另一個是位於顳葉的「*****韋尼克區**」（Wernicke's area），負責「理解他人說話」，若此部位受損，會很難聽懂他人說什麼。

女性「韋尼克區」的神經細胞（亦即理解語言的神經細胞）比男性多，而且男性說話時只用左腦，女性則是左右腦皆使用；也就是說，無論是說話或理解他人說話，都是女性的強項。

女性自己說話時，能徹底運用韋尼克區的功能，

與女性舌戰並非易事

男女吵架的場景中，通常只見女性口若懸河：「你為什麼總是這樣？明明就是你……」而男性在旁呆若木雞。女性接著試探：「因為對自己不利，所以還是閉嘴比較好，是嗎？」男性依然啞口無言。若要唇槍舌劍，世間男性恐怕都不是女性的對手。大家都說**女性的語言能力比男性優秀**，這可能是男女大腦有關語言的神經細胞密度不同所致。

語言全能的女性腦

＊**韋尼克區**　又稱語言知覺與理解中樞，有理解他人言語的功能。此部位受損，會聽不懂他人說的話，對語言的理解會產生問題。

也**能同時運用腦部其他部分**。例如邊跟小孩說話邊做菜、邊聽丈夫說話邊化妝等，總是能一心多用。

女性也擅長邊說話邊思考。男性要先歸納想法才會說出口；而女性通常在還沒決定要說什麼的時候就開始說，最後才導出結論。因此，女性可說是語言的「多人遊戲玩家」。

男女的差異

語言與腦部使用方式

不只男性認為「女性愛說話」，連女性自己也承認這個事實。為什麼女性如此能說善道呢？

女性

說話時同時使用左右腦

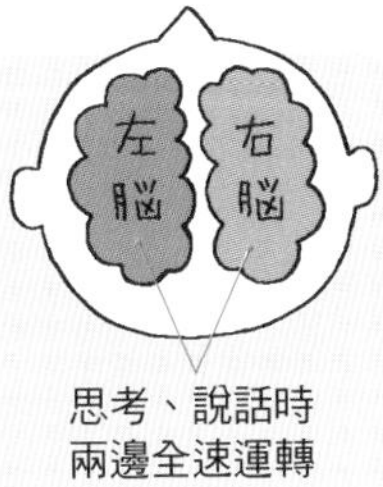
左腦
右腦
思考、說話時
兩邊全速運轉

↓

能邊想邊說，所以總是滔滔不絕。

男性

思考時用右腦
說話時用左腦

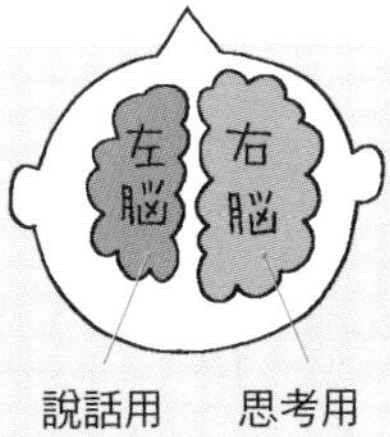
左腦
右腦
說話用
思考用

↓

思考時沉默不語。
想說的話必須經過整理才會說出來。

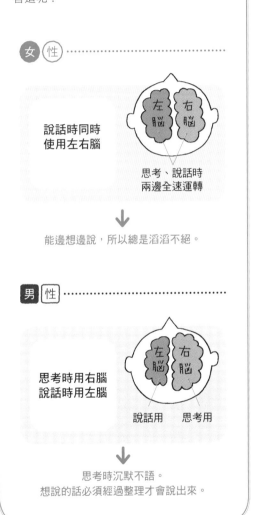

6 敏銳的第六感!?

女性能從語言之外的資訊掌握對方發出的訊息

女性擅長處理大量訊息

丈夫偷情後回家，一臉與平常無異的樣子，但妻子馬上就注意到了。這是因為女性在五感之外，還擁有**敏銳的「*第六感」**。一般來說，思考的時候，男性往往依據道理導出結論，女性則是依據情緒。事實上，女性常隨情緒進行決策。

思考時，女性會使用大量資訊，混合在一起後，再加以歸納。例如，考慮晚餐菜色時，腦中會出現多種資訊——可以吃飯，也可以吃義大利麵，因為冰箱有肉和番茄。超市廣告說魚很便宜……。資訊出現的速度非常快，來不及用邏輯思考的方式整理，這時就需要新的資訊處理功能，也就是「情緒」。在資訊處理功能中，增加「情緒」這項決策工具，使女性精於處理大批資訊。女性能獲得並處理諸多訊息的另一個原因，就是女性不只有五感，還擁有第六感。

對表情與動作的觀察敏銳

我們在表達訊息時，**不只用語言，也會用表情、舉止、動作等，這些稱為「非語言溝通」**（➡P126）。女性善於非語言溝通，說話時，臉部

*第六感　在視覺、聽覺、嗅覺、觸覺、味覺之外的感覺。指能敏銳看透事情本質的心理能力。

表情、動作、語調、聲音高低或大小，都會依心情而不同。光是「早安」這個招呼語，好心情與壞心情時，所發出的訊息也有差異。

女性可以邊傾聽他人說話，邊敏銳觀察對方的音調、表情與動作。運用左右腦緊密聯繫的優勢，將視覺、聽覺等感覺器官所蒐集的訊息迅速整合、理解，以解讀對方的情緒與心情。亦即，**解讀對方所發出的各式訊息的能力，正可說是女性的第六感**。

第六感運作的理由

據說女性在五感之外，還有敏銳的「第六感」。第六感可能與腦部和嗅覺有關。

1

資訊處理能力高強

女性韋尼克區（▶▶P232）的神經細胞較多，擁有優秀的語言理解能力。左右腦的緊密合作，也讓女性擁有出色的資訊處理能力。

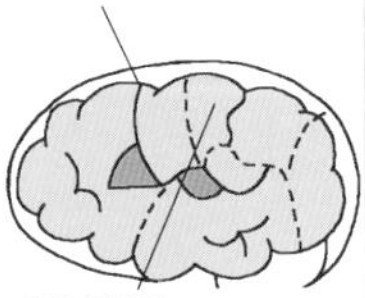

2

不錯失非語言訊息

女性能邊與他人對話，邊仔細觀察語言之外的手勢與表情等。語言與非語言訊息兩方面都能解讀，所以精於察覺他人的心情。

3

嗅覺靈敏

掌管嗅覺的嗅覺區與大腦邊緣系統密切相關。女性的大腦邊緣系統較發達，所以嗅覺區的運作也非常敏銳。

7 見人說人話，見鬼說鬼話

注重協調性、希望人際關係順暢的女性特徵

形象設計是女性的擅長領域

許多女性擁有演員的素質，平時便擅長視場合分別演出自己各種性格的特徵。從正式場合到非正式的輕鬆場合，都能因應情況，巧妙演出「自己」。因為女性**積極掌握各種資訊，善於察覺細微的變化與狀況**，所以能視不同場合與對象靈活運用自己的特質。對重視協調性、希望人際關係順暢的女性來說，這也是溝通方法之一。

男性自鳴得意時，女性會頻頻點頭、讚不絕口，一副津津有味的樣子。為男友的業餘棒球比賽加油時，則忙東忙西，前後照應，扮演「球隊女經理」的角色。其中最常見的情況是「在女性面前明明很有主見，也很會觀察人；但在男性面前就裝可愛，一副天然呆的樣子」。這種意圖因應對方喜好，調整自己印象的行為，就是「**印象管理**」（▶▶P86）。

在日常生活中，為了人際關係順暢而編造自己的性格，倒是無傷大雅。但如果演過頭，會讓人懷疑有「*****戲劇型人格違常**」的可能性。這種疾病的特徵包括故作姿態、意圖引人注意，矯揉做作、在意外表與極端情緒化。**「戲劇型人格違常」的患者有九成是女性。**

＊戲劇型人格違常　日常舉止就像演員般誇張的精神疾患。特徵是自我表現欲強、會故意採取挑釁態度等。

戲劇型人格違常測試

日常生活中，姿態動作、用字遣詞等彷彿戲劇主角的人，有可能是「戲劇型人格違常」患者。他們對引人注目有過度的興趣。

1 自己若非現場焦點，就覺得索然無味。 ☐

2 常誘惑、挑逗他人，做出具性暗示的行為。 ☐

3 想法與知識淺薄，情緒變化快速。 ☐

4 為惹人注目而特別講究外表。 ☐

5 講話方式誇張、令人印象深刻，但說話沒什麼內容。 ☐

6 裝模作樣的態度、誇張的情緒表現。 ☐

7 容易受暗示、易受他人或環境影響。 ☐

8 誤以為自己與他人之間比實際上親密。 ☐

8 看地圖時會轉來轉去

腦部空間概念不發達

不太會在腦中想像空間

許多女性在看地圖時，為了使前進方向能對應自己的位置，會一直把地圖轉來轉去。無論右轉或左轉都會旋轉地圖，最後完全迷失方向。為什麼女性會這樣看地圖呢？

因為**在女性腦中，無法將地圖上現在的位置與自己實際所在位置互相對照**。女性不只不太會看地圖，也因空間和距離感有問題，不擅長併排停車。看設計圖、打撞球對女性來說也有難度。這是因為**女性右腦掌管空間的部分不發達所致**。

女性擅長記憶標的物

某個記憶地圖路線的學習實驗顯示，男性比女性容易到達目的地。此外，在腦中邊轉動物體邊移動的*空間能力、從複雜圖形中找出單純圖形的能力，以及箭中靶心的能力，男性皆優於女性。

相反地，女性的強項在於從好幾棟房屋中找出特定房屋的知覺能力、第一個字母相同的單字之列表能力、寫故事或文章、記憶不相干的單字，以及加減乘除四則運算。

男女這方面的腦部差異，可能是人類從狩獵

＊**空間能力**　迅速、正確地掌握、認識物體的位置、方向、大小、形狀等物體立體空間的狀態與關係之能力。

採集時代就開始的。男性為得到獵物而出門狩獵，必須經常確認自己所在位置，才回得了家。每天反覆練習的結果，使男性的空間能力逐漸發達。相反地，女性住在洞穴旁，負責採集果實與育兒。發現可大量採集的場所，就必須做出標記，以便記憶。或許因為如此，**女性在演化的過程中，逐漸發展出優秀的知覺能力。**

男女的差異
看地圖的方式

男性會看地圖，而女性是路痴。這跟看地圖觀點的差異有關。

女性看的是

地標
高樓等可成為地標的建築物，可以記得很清楚

道路名稱
記得住標誌或街道名稱

距離
看地圖就能確實掌握距離感

方向
即使進行方向改變，也能靈巧掌握方向

男性看的是

女性擅長記憶地圖上標的物，但難以掌握方向，就算好不容易走到地標處或道路上，也搞不清楚自己與標記的位置。而男性善於掌握距離與方向，所以才看得懂地圖。

9 找不到包包中的物品

女性不擅長在立體空間找東西

女性往往以平面視角看物體

站在大門前，想從包包裡拿出鑰匙，但翻來覆去都找不到，懷疑是不是弄丟了。碗櫃中喜歡的餐具也找不到，心中狐疑：「奇怪，應該是放在這裡啊？」**要找出放在狹長空間裡的東西，女性往往要花很多時間。**

這點和「**空間能力**」（▶P238）有關。空間能力好的人，可以邊在腦中轉動物品邊思考。一般來說，男性的空間能力比女性發達。這是先天因素或後天因素，目前仍不清楚。男性從小就常有機會跟朋友到較遠的地方玩耍、探險等，比較需要空間想像力。或許因為在這樣的環境中成長，使男性空間能力有較好的發展。

總之，男性**傾向以立體的視角看物體**，對於包包、碗櫃、冰箱等範圍狹窄、需要以立體角度看的空間，男性找起東西非常得心應手。但女性不熟悉這樣的觀看方式，她們通常**以平面而非立體視角來看眼中的事物**，在範圍廣闊，可環視四周的空間，例如在房間找東西，女性就比男性拿手。

因資訊過多而欠缺專注力

此外，女性因左右腦連結緊密，可以「***多工**

* **多工處理**　能一次處理好幾件事是女性的強項。男性則傾向單一任務模式，一次只能處理一件事。

處理」，一次同時進行好幾件事。找東西時，也能思考其他的事。

例如，在包包裡找鑰匙的時候，看到錢包，就猛然想起：「啊！該繳電話費了！」在碗櫃找馬克杯時，看到別人送的回禮盤子，就想到：「那兩個人不知道怎麼樣了？一定要跟他們聯絡啊！」各式各樣的訊息在腦中來回穿梭，讓人想起其他該做的事，是多工處理的好處之一，但缺點就是很難聚焦於想找的東西上。

男女的差異
找東西的強項

每個人都有東西遍尋不著的經驗，不過，什麼狀況下好找，什麼狀況下難找，男女似乎有不同的看法。

女性

擅長在平面上找東西

女性傾向以平面視角來掌握眼前的事物。擅長從整個範圍找東西，例如整個房間或桌上的東西，女性就比較容易找到。

男性

擅長在立體中找東西

男性傾向以立體視角來掌握眼前的事物，比較擅長從較深的碗櫃、包包中找東西。

10

女性比男性愛哭？

情緒與腦部其他部分關係密切

女性的情緒區域廣泛分布在左右腦

女性在公司被上司指責時會眼眶泛淚，看到電影中感人的畫面時會抽抽噎噎地哭。相反地，在任何場合，都很難看到男性的眼淚。跟男性相比，女性的情緒容易激動，所以也容易掉眼淚。女性會氣哭，會因懊惱、寂寞而哭，會感動掉淚，也會喜極而泣。反正，無論喜怒哀樂，情緒滿溢時都會哭，掉淚次數遠超過男性。

情緒的產生與腦部有關。以下我們先討論男女腦部的差異。

男性左右腦明確分工，女性則否。男性情緒由右腦掌管，**女性情緒區域則跨越左右腦**。因此，女性**腦部其他部分活動時，情緒也可能受波及**。當對話進入高潮，會胸口一熱，眼淚奪眶而出，就是這個緣故。

愛哭與腦部的「**胼胝體**」、「**前連合**」及「**杏仁核**」有關。我們已經知道女性胼胝體比男性厚、前連合比男性大，而杏仁核也是女性比較大。也就是說，**女性情緒的產生範圍廣泛，與腦部其他機能關係密切**。所以，就算只是件小事，也會讓女性心情澎湃、熱淚盈眶。

眼淚有宣洩壓力的效果

有些女性在大哭一場後就通體舒暢，一副沒事人的樣子，這是因為**壓力經由眼淚抒發**的關係。這種狀態稱為「*宣洩」，彷彿痛苦隨著眼淚而去，令人神清氣爽。

可以說，女性因為愛哭，心靈淨化的機會比男性更多。

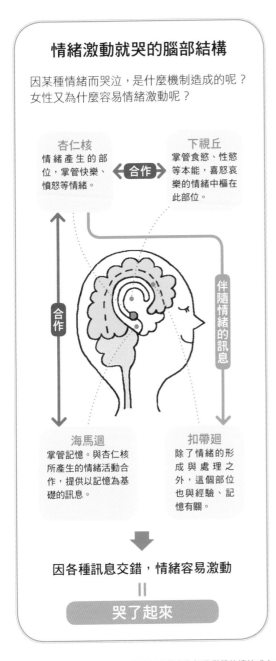

情緒激動就哭的腦部結構

因某種情緒而哭泣，是什麼機制造成的呢？女性又為什麼容易情緒激動呢？

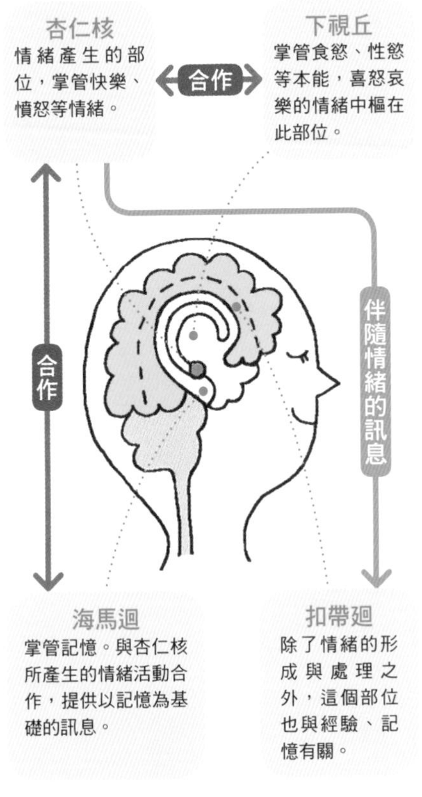
杏仁核
情緒產生的部位，掌管快樂、憤怒等情緒。
合作
下視丘
掌管食慾、性慾等本能，喜怒哀樂的情緒中樞在此部位。
合作
伴隨情緒的訊息
海馬迴
掌管記憶。與杏仁核所產生的情緒活動合作，提供以記憶為基礎的訊息。
扣帶迴
除了情緒的形成與處理之外，這個部位也與經驗、記憶有關。

因各種訊息交錯，情緒容易激動

＝

哭了起來

＊**宣洩**　淨化的意思。在心理學指以替代行為抒發鬱積的情緒或心中矛盾。

TOPIC

女性的口頭禪

有人會刻意使用某種口頭禪，但大部分的時候，口頭禪是不自覺掛在嘴邊的話，隱藏了各式各樣的深層心理。

總覺得～好像

壞心眼

「我好像快氣死了～」、「總覺得，如果上次去逛街的話～」

使用這類詞，目的是以曖昧模糊的方式表達自己的主張。**想說出自己的心情，但又在意對方的反應，怕對方會指責自己**；所以用含糊不清的說法，如果被責備，就可以說自己沒有那麼強烈的意思，為自己先鋪好退路。

以名字或綽號自稱

強調自己的特別

有些女性已經長大成人了，不自稱「我」，卻以名字或綽號自稱。她們顯然有不想長大的幼稚心態，但內心也隱含了「**非常喜歡自己**」、「**覺得自己很特別**」的想法。

這樣的人想對周圍宣示自己與其他大多數人不同，所以不用「我」，而用自己獨有的名詞，可說是**相當自戀**（▶▶P42）**的類型**。

可是～

不負責任

有些人在他人開始給建議，或指責自己時，一定會說「可是」。甚至在自知理虧的情況下，仍堅持要用「可是」當發語詞，否則心裡就不痛快。這種人**不容他人責備，通常抱著「我沒錯」的心態**。做錯事一定會找藉口，絕不會自己負責任。

「可是」、「但是」、「然而」、「這樣的話」、「反正」這些詞，因為日文羅馬拼音的第一個字母都是「D」，所以又稱為「*D詞彙」。口頭禪是D詞彙的人，總是準備好一堆藉口或否定的話，以備不時之需。

大家都這麼說

膽小鬼

許多人聽到「大家都這麼說」，就認為應該有可信度，於是就相信了那些話。

不過，常把這句話掛在嘴邊的人，其實是**沒自信的膽小鬼，想把自己意見的責任轉嫁到他人身上**；也認為他人可能不會同意自己的意見，如果說是大家說的，應該比較容易讓人接受。

有這句口頭禪的人也有**依賴的一面**，所以自己所說的沒有確切根據、只憑感覺就相信的事，也希望有人能夠認同。總之，就是以他人為擋箭牌，自己逃往安全地帶的類型。

***D詞彙**　可是〔だって〕的羅馬拼音是datte，但是〔でも〕的羅馬拼音是demo，然而〔だけど〕羅馬拼音dakedo，這樣的話（だったら）的羅馬拼音是dattara，反正〔どうせ〕的羅馬拼音是douse

好可愛!!

宣示自己的感受性

講這句話的人大都是女性。除了小巧、可愛的東西之外，就算覺得有點噁心，女性也會說「好可愛」。

女性會這麼說，是基於「**覺得所有東西都好可愛，是因為我的感受性很強**」的心理；她們想告訴大家，自己對於「可愛」等令人產生好感的東西，擁有敏銳的感受性。「好可愛」想要表達的，與其說是自己覺得某種東西可愛，不如說是希望大家覺得自己可愛。這句話不只年輕女性會說，連有判斷力的成年女性也會說個沒完。這是在表達「**希望自己看起來永遠年輕**」的需求。

不要說出去

想跟對方更親近

這句話就像是祕密的枕邊細語。有這種口頭禪的人，隱含有「**想跟對方更親近**」的意圖。

當有人跟你說：「這件事不要說出去……」你就會想：「他都告訴我了，那我也跟他說吧……」這稱為「**互惠規範**」（▶▶P174），指接受別人的善意後，自己也想以善意回報。也就是說，對於想要親近的人，自己要先敞開心房。

不過，對任何人都說這句話的人，千萬不可輕信。**其中有些人的目的已經不是親近他人，而是造謠生事**。遇到這種人要小心啊！

你聽我說！你聽我說！

無法獨立

「喂！喂！」、「你聽我說！你聽我說！」、「等一下！等一下！」你會這樣不知不覺把話重複兩次嗎？

這是**強迫對方接受自己意見的心理表現**。有這種口頭禪的人，大都**依賴心強**、**無法獨立**。要別人理他、希望引人注目，充滿孩子氣。這種類型的女性跟撒嬌的小孩一樣，如果別人不聽她說話，一副對她沒興趣的樣子，她就會心情不好。

這種孩子氣、撒嬌般的口頭禪，可能也是**想告訴大家「自己很可愛」**。

不是～嗎？

愛慕虛榮

「我不是〇〇嗎」、「這個不是〇〇嗎」，這些話彷彿是在詢問他人，其實是在指責對方。常說這句話的人，大都**虛榮心強**。因為對自己的意見缺乏自信，怕被對方否定，所以才用這種矛盾的表達方式，**不給對方回應機會，以保全自尊心**。

另外，用「我不是〇〇嗎」來強調自己的性格，可能是基於「**自我證實的回饋**」（▶▶P154）心理。相信自己就是自己想像的那種人，並想得到認同，所以用這種說法，讓對方一句話也講不出來。

TOPIC

女性討厭的話

對男性來說沒有惡意的話，對女性來說可能是禁忌。
女性對有關外表的話、曖昧不清的話、被認為是得體回應的話，都特別敏感。

你是不是有點變胖？

這是絕不能對女性說的話。就算之後瘦下來，對曾經被說「胖」這件事，女性一輩子也不會忘記。除了男性外，被女性說胖也是一大打擊。

你幾歲了啊？

年齡雖是了解一個人的重要資訊，但問女性年齡，就是犯了忌諱。遇到說「我已經當阿嬤」的人，尤其要提高警覺。就算是本人說的，也不可失去戒心。否則你會很危險！

那個女孩很可愛

比起「聰明」「機靈」「溫柔」，被稱讚「可愛」的女性，更容易激起其他女性的嫉妒心。跟外表有關的事，特別容易激發女性的妒火。

喔！是嗎？

女性不喜歡好像根本沒在聽她說話，卻隨聲附和的人。即使有在聽，漫不經心的回應也易激怒女性。

囉唆

「女性愛講話」這件事，不只男性贊同，連女性也承認。但不管是已經聽到女性說話，或根本沒聽到，「囉唆」這句話就是在否定說話本身，所以會犯女性的大忌。

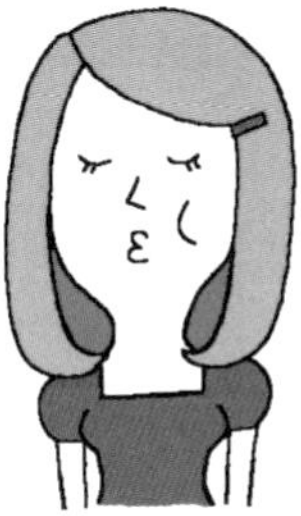

女生怎麼這樣

女性對有關「女性該如何如何」的言論相當敏感。例如「你是女孩子，竟然不會做菜」或「因為你是女孩子，對工作才拚成這樣吧？」女性非常厭惡這種原始時代的觀念。

嗯…那就…

向對方尋求意見時，對方含糊其詞、嗯嗯啊啊。如果對方是優柔寡斷的男性，或態度曖昧不明，會更讓人火大。因為女性認為男性應採取明確態度。

快去做～

命令的語氣，令人聯想到男尊女卑的觀念，所以也是禁忌之一。女性對男性輕視女性的態度非常敏感，就算男性只想開玩笑，也會惹女性反感。

不是我的錯

出問題或失敗時，男性傾向外在歸因，女性傾向內在歸因（▸▸P77）。所以，女性無法忍受想推卸責任的男性。

column

6

從夢境看到自己真正的欲望

「我夢見好幾次」、「惡夢是在暗示什麼嗎？」多數人都曾經對夢境有這種想法吧？據說夢是內心下意識的表現。

●解夢

奧地利心理學家佛洛伊德主張，「夢是願望的滿足，所有意義皆在夢裡」。有時夢會將人的願望如實表現，有時則是用扭曲的方式表現潛意識中被壓抑的願望。平時我們不會刻意表現的自卑情結或心理創傷，在睡眠時因意識面的支配降低，就會浮出表面，這就是「作夢」的原因。分析夢裡出現的事物象徵什麼、有什麼意義，就是「解夢」。

從睡相看心理與性格特質

蜷縮身體側睡

睡覺時捲成一小圈的人，對他人有強烈的警戒心，但依賴性也很強。正為人際關係而煩惱。

趴睡

自我中心、一絲不苟的性格，會把他人的錯誤變成自己的壓力，而感覺挫折。

仰睡

有自信、開放、處事靈活，但看不出他人纖細的情緒，有時會為紛爭而煩惱。

有關行動的夢

迷路

壓力累積

暗示在現實世界裡，內心也處於迷惘的狀態。夢見在類似迷宮的地方迷路，表示因完全迷失自我而背負極大壓力。

從高處墜落

痛苦的心理狀態

夢見自己墜落，可能是不安或恐懼的象徵。從高處墜落，代表正為理想與現實的差距而苦惱、對現狀有所不滿。

跑上樓梯

上進心、性需求強烈

想要爬到樓梯最頂端，暗示上進心強，想出人頭地、往上爬；或表示對性有高度需求。

殺人、被殺

精神上的成長

暗示自己已超越壓力與自卑感，在精神上有所成長，如開始獨立、重生、有了新發展等。這樣的夢衝擊性高，卻代表著即將漸入佳境。

有關人的夢

陌生人的夢

自卑情結的反面

如果夢中出現穿著時尚的人，表示對自己的服裝品味沒自信。如果出現了美女，表示認為自己的容貌不如人。

兄弟姊妹的夢

情緒的壓抑

暗示平時有些情緒被壓抑。夢中的兄弟姊妹是自己的分身，表示自己想要客觀審視自身的缺點。

有關場所的夢

車站的夢

轉機的暗示

表示人生的轉機、出發點、日常生活的「坎站」等。如果夢中是快樂的畫面，就表示前途似錦；若是黯淡的畫面，則表示對新生活感到惶恐不安。

餐廳的夢

尋求伴侶

餐廳象徵社交能力，做餐廳的夢暗示想使人際關係更充實。另外，也有追求性滿足的意思，渴望能有伴侶在身邊。

十三劃

十四劃

十五劃

十六劃

十七劃

十八劃

十九劃

二十三劃

二十七劃

英文數字

INDEX

索引

二劃

三劃

四劃

五劃

六劃

七劃

圖解女性心理學（二版）

女人不說、男人不懂的事，心理學家教你從行為、習慣與性格讀懂女性的真實想法！

面白いほどよくわかる！「女」がわかる心理学

作　　者　齊藤 勇（監修）
譯　　者　林雯
插　　圖　たむらかずみ、桜井葉子
原書設計　スタジオダンク（八木孝枝）
原書封設計　佐々木容子
原版編輯　アーク・コミュニケーションズ（笹岡麻衣子）
特約編輯　李韻柔
封面設計　郭彥宏
內頁排版　簡至成
行銷企劃　蕭浩仰、江紫涓
行銷統籌　駱漢琦
業務發行　邱紹溢
營運顧問　郭其彬
責任編輯　賴靜儀
總 編 輯　李亞南
出　　版　漫遊者文化事業股份有限公司
地　　址　台北市松山區復興北路331號4樓
電　　話　(02) 2715-2022
傳　　真　(02) 2715-2021
服務信箱　service@azothbooks.com
臉　　書　www.facebook.com/azothbooks.read
營運統籌　大雁文化事業股份有限公司
地　　址　台北市松山區復興北路333號11樓之4
劃撥帳號　50022001
戶　　名　漫遊者文化事業股份有限公司

二版1刷　2023年10月
定　　價　台幣450元
ISBN　978-986-489-860-2

國家圖書館出版品預行編目 (CIP) 資料

圖解女性心理學：女人不說、男人不懂的事, 心理學家教你從行為、習慣與性格讀懂女性的真實想法! / 齊藤勇監修；林雯譯. -- 二版. -- 臺北市：漫遊者文化事業股份有限公司, 2023.10
254面；14.8 × 21　公分
譯自：面白いほどよくわかる!「女」がわかる心理学
ISBN 978-986-489-860-2(平裝)
1.CST: 女性心理學 2.CST: 兩性關係
173.31　　112015782